奧修的靜心冥想課

21天的意識鍛鍊，幫助你找回真正的自己

奧修

A COURSE IN **MEDITATION**

A 21-DAY WORKOUT FOR YOUR CONSCIOUSNESS

OSHO

ONE OF THE MOST INSPIRING SPIRITUAL TEACHERS OF OUR TIME

什麼是靜心？
可以如何開始？

奧修靈性智慧 15

Sevita——譯

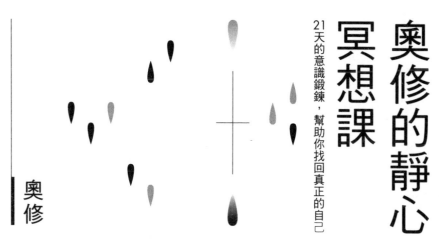

目次

前言

如果你想要活出一個更滿意的生活，首先你會想要知道自己的潛能，你自己真正的樣貌。靜心就是那個知道的途徑。它是一種科學性的覺知方法。這種內在科學所具有的美在於它讓任何想要進行內在探索與實驗的人，都可以單獨進行。你不需要依賴外在的權威，不需要隸屬於任何機構，也不需要接受某個特定的思想體系。一旦你了解這些步驟，你可以按照自己的步調，走出自己的路。

許多靜心方式要求人們靜靜地坐著，這對大多數在「身體—頭腦」裡都累積了許多壓力的人來說，可能是困難的。

但是到底什麼是靜心呢？你可以如何開始呢？

本書談到的二十一天經驗性的課程，由神祕家奧修所教導，用意在於讓你能夠品嚐到靜心的滋味。奧修的書已經被翻譯成六十多種不同語言的文字，你或許曾經透過他的書籍對他有所了解。奧修是一個神祕家、科學家，也是一個叛逆的靈魂，他對於「我是誰」這個難以界定的問題，有著獨特的見解。他唯一的興趣在於讓人類警覺到：我們急需找到一種新的生活方式。奧修的了解是：唯有透過改變我們自己，一次一個個體，才能改變我們的社會、文化、信念以及這個世界。而通往改變的路徑就是靜心。

就靜心的初學者而言，這本書提供了逐步的引導，幫助你學習靜心，保持觀照與平靜。就那些已經有經驗的靜心者而言，這本書就像是一把鑰匙，能夠讓你的靜心來到一個新的層面。在這二十一天的課程裡，每天都會提供你一個不同的向度，來過著靜心式的生活，你可以把閱讀這些奧修的演講，當成是一種靜心的經驗。然後就當天的主題，你會學習到一個簡單、實際的靜心與覺知練習活動，作為你實驗的工具。

在本書最末〈參考閱讀〉中，我們提供了每天閱讀一本奧修書籍的建議，可以讓你更深入當天所提及的主題。

就像科學研究的是外在的世界，奧修使用一種科學性的方式，幫助我們靜心與自我探索內在的世界。他曾經實驗過所有過去發展出來的靜心方法，檢驗它們對於現代人的影響。例如，他看到對於一個極度活躍的二十一世紀頭腦而言，光只是靜坐、觀照呼吸是多麼的困難。或是用一個古老神聖的咒語來取代現代的安眠藥又是多麼的容易。出於這份了解，奧修為現代人創造了新的靜心。他建議從身體開始——覺知我們在這個身心複合體上所能觀察到的思想和感受。許多奧修的靜心都是從身體活動開始，先釋放身體和頭腦裡的緊繃和壓力。然後人們能夠較為放鬆地來到靜止、寧靜觀照與覺知的經驗裡。

奧修也把「傾聽的藝術」蛻變成一種通往靜心的路徑。每天晚上他會對那些聚集在他身邊的人進行談話，這些人有著各種不同的年齡、國籍與文化背景，他會回達人們的問題以及關心的主題，並提供一種他認為較為明智、並且以內在為取向的生活方式。這些談話被集結成目前市面上許多奧修的叢書。奧修一次又一次地強調，這些談話不是傳遞資訊的講課。他說：「我的談話不是一種演講；也不是向你宣導教義。它是一種引導，讓你能夠品嚐到些許的寧靜。」

換句話說，**奧修的談話本身，就是一種靜心**。在這裡，語言變成音樂，傾聽的人發現了那個傾聽者，而覺知從那些被傾聽的語言裡，來到那個傾聽的個體身上。

不論何時，你都可以回到這本書，用它來創造出自己經驗性的旅程。

第一天：靜心是什麼？

今天我們從一個基本的問題開始：什麼是靜心？

奧修指出：靜心是一種我們與生俱來的品質，而我們的任務純粹就是回憶且重新連結這個我們孩童時就具有的品質。

在每一次「奧修洞見」之後會有一個來自於奧修的靜心與覺知練習活動。

你可以找時間實驗一下，或許就在你今晚入睡之前。

奧修的洞見

靜心是一種沒有頭腦（no-mind）的狀態。靜心是一種沒有內容物的純粹意識狀態。一般來說，你的意識充滿了太多的垃圾，就像鏡子上充滿了灰塵一樣。頭腦像是持續不斷的車流：思緒持續變動著，欲望持續變動著，記憶持續變動著，野心持續變動著——那是一個持續不斷的車流，日以繼夜。甚至當你睡著時，頭腦仍然在作用著，它在做夢。它仍然在思考著，它仍然在擔憂和焦慮著。它在為隔天做準備；一種準備仍然在底層深處進行著。

頭腦是一種非靜心的狀態，它恰好是靜心的相反。當車流不存在，思考消失了——沒有思考移動著，沒有欲望翻攪著，你全然的寧靜——這份寧靜就是靜心。在這份寧靜裡，真實被知道了，除此之外，再也沒有其他的方式了。靜心是一種念頭消失的狀態。而你無法透過頭腦來找到靜心，因為頭腦本身會持續不斷的產生各種念頭。只有當你把頭腦置於一旁，保持冷靜，漠不關心，不與頭腦認同時，你才能夠發現靜心；就是看著頭腦的念頭經過，但是你不與它認同，你不認為：「那就是我。」

靜心是一種「我不是這個頭腦」的覺知。

當這份覺知在你的內在越來越深入時，慢慢地，會有幾個片刻出現——那是寧靜的片刻，純粹空無的片刻，透明的片刻。這個片刻裡沒有任何事物在你的內在翻攪，所有一切都是靜止的。在這些靜止的片刻裡，你會知道你是誰，你會知道這個存在的奧祕。

而一旦你曾經品嚐過幾滴的甘露，一種莫大的渴望會從你的內在升起，你會想要越來越深入其中。一種無法遏止的渴望會從你的內在升起，那是一種莫名的飢渴。你會開始燃燒。

一旦你曾經品嚐過數個寧靜的片刻，喜悅的片刻，靜心的片刻，你會希望這種狀態成為一種持續的狀態，你的常態。而如果你能夠經驗到幾個這樣寧靜的片刻，那就沒有問題了，慢慢地，慢慢地，越來越多這樣的片刻會出現。而當你變得熟悉它，當你學習到不涉入頭腦的這個竅門——當你學習到保持疏離、遠離頭腦的藝術，學習到在你跟思緒之間創造出距離時——越來越多的靜心會灑落在你身上。而它越是灑落在你身上，它也越是會蛻變你。遲早有一天會到來，那是莫大祝福的一天，那時候，靜心會成為你自然的狀態。

頭腦是不自然的；它永遠不會成為你自然的狀態。但是靜心是一種自然的狀態——那是我們已經遺失了的狀態。那是失落的天堂，這個天堂是你可以重新尋獲的。看著孩子們的眼睛，就只是看著，你會看到無比的寧靜與天真。每個孩子到來時，都處在這種靜心的狀態裡，但是他必須學習社會的方式。他被教導如何思考，如何計算，如何理性判斷，如何辯論；他被教導文字、語言和概念。然後慢慢地，慢慢地，他失去和自己天真的聯繫。他被社會所污染、同化。他變成一個有效率的機械；他不再是一個人類。

為了再次尋獲這個空間，所有這些都是必然的過程。你過去曾經知道它，所以當你第一次經驗靜心時，你會很驚訝，因為一種清楚的感覺會從你的內在升起，就像是你曾經知道它一樣。而這種感覺是真實的：你確實曾經知道它。你只是遺忘了。鑽石遺失在成堆的垃圾裡。但是如果你能夠移除那些垃圾，你會再度找到那個鑽石——它是屬於你的。

你不可能真的失去它，你只是遺忘了它。

我們生來就是個靜心者，然後我們學習到了頭腦的方式。但是我們真實的本質始終隱藏在內在深沉的某一處，就像是暗流一樣。任何時候，一點小小的挖掘，你就會發現那個源頭仍然在流動著，那個活水的源頭。而生命裡莫大的喜悅就在於找到它。

孩子誕生了；孩子來的時候帶著莫大的能量。事實上，孩子什麼都不是，他就只是純粹的能量體現在這個身體裡。很明顯的，孩子會做的第一件事情就是尋找母親的乳房。孩子是飢渴的。九個月的時間待在母親的子宮裡，孩子一直是被自動餵養著；孩子是母體的一部分。現在，他脫離了母親；他自己變成了一個分離的整體——而第一件事情，他的首要之務就是尋找食物。這就是外在旅程的開始。

通往這個世界的入口是母親的乳房。而乳房有兩種功能：它滋養孩子——首要之務就是生存。乳房就是食物，乳房就是生命。第二個功能：乳房給予孩子溫暖與愛，它庇護孩子。這就是為什麼食物跟愛往往有著緊密的關連。

這就是為什麼每當你無法感覺到愛的時候，你會開始吃的過多。那些對食物上癮的人們往往都缺乏愛。他們把食物當成替代品。如果你真的被愛，你沒有辦法吃的太多。

靜心意味著開始覺知到內在的生命源頭。沒錯，身體需要依賴外在，但是你不只是身體而已。你不需要依賴外在。你仰賴的是內在的世界。這是兩種不同的方向：往外移動或是往內移動。靜心就是當你明瞭到「我的內在也有著一個世界，而我需要尋找到它」。

頭腦是了解客體的方法，靜心則是了解主體的方法。頭腦關注的是內涵物，而靜心關注的是那個容器，那份意識。頭腦執著的是那些雲朵，而靜心所追尋的是那片天空。雲朵來了又走，天空始終不變，始終存在著。

追尋內在的天空。如果你找到了它，那麼你就永遠不會死亡。

靜心：每日的覺知

下面這個方法摘錄自奧修的《奧祕之書》。它是一個簡單的方法，讓你品嚐並經驗到，如何把覺知帶入每日的活動中。當你在實驗這個方法時，你可以開始找回你自然的靜心狀態，遠離頭腦的噪音和車流。

奧修說：

當我說覺知無法透過頭腦而發生時，我的意思是指，你的覺知無法透過思考關於覺知的事情而發生。它只能透過行為而不是思想來發生。

所以不要持續不斷的思考關於覺知的事情，或是思考如何有所覺知，還有覺知帶來的結果是什麼。不要持續地思考——就是開始覺知。

當你在街上行走時，帶著覺知行走。這很困難，你會不斷地忘記，但是不要因此而沮喪。每當你再一次記得的時候，保持那份覺知。

帶著充分的覺知，有意識地走每一步路。

待在你的行走之中，不要讓頭腦移動到其他地方。

當你吃東西的時候，就是吃。帶著覺知咀嚼你的食物。

當你在做事的時候，不要機械化地進行。比如說，我可以機械化地移動我的手。但是，我也可以充滿覺知地移動我的手。我意識到我的手在移動著。

就是現在，試試看，實驗看看。伸手朝向附近的某一個物體，像你平常一樣地把它拿起來，你是機械化地進行這個動作。現在，把它再一次放回去。

然後，現在……開始覺知你的手，從內在去感覺你的手。如果手掌、手指上有任何緊繃，放掉那份緊繃。

保持覺知著你的手，充分注意著你的手，再一次朝著那個物體移動。把它拿起來。感覺它的質地、重量。它在你手裡的感覺如何？看看你的手會想要如何觸摸這個物體……轉動它、感受它的重量，或是玩一玩它……或者靜靜地握著它。帶著警覺，覺知你的每個移動。

現在把它放下來，仍然保持警覺，覺知你的手的移動。你會感覺到這其中的差別。那個行動的品質會馬上有所轉變。舉例而言，當你帶著覺知進食時，你沒有辦法吃下超過身體所需的食物。那個品質改變了。如果你帶著覺知來進食，你會咀嚼得更多次。當你無意識的時候，機械化的慣性會讓你只是把食物吞進胃裡。你根本沒有咀嚼，你只是在填塞自己。這麼一來，其中不會有什麼愉悅感。也因為缺乏愉悅感，你會需要更多的食物好讓自己感到愉悅。你感覺不到滋味，所以你會吃下更多的食物。

就是保持警覺，然後看看事情會有什麼樣的變化。如果你保持警覺，你會咀嚼更多次，你會感受到更多的滋味，你會感受到進食的愉悅。而當身體享受時，它會告訴你何時該停下來。

就在今天和接下來的日子裡，在不同的情況底下，實驗這個覺知的方法——這個靜心不需要花費你額外的時間。重點在於當你進行那些平常的例行活動時，以一種放鬆且遊戲的方式來靜心。通常，當你做這些事情時，你是毫無意識的，這一次讓自己帶著覺知來進行。

每日一句

當頭腦知道的時候，我們把它稱為知識。當心知道的時候，我們把它稱為愛。而當存在知道的時候，我們把它稱為靜心。

——奧修

第二天：愛與連結的靜心

當我們在行走、進食、清理地板或進行類似活動時，把覺知帶入身體行動和感官感受上是一回事；當我們單獨一人，覺知到自己的思想和情緒，甚至跟它們保持一點距離也都不算太難。但是要把這同樣的覺知帶入到與他人的互動，特別是跟親密伴侶的互動裡，那是完全不同的一回事。今天的課程就是關於我們生活裡的這一部分。

奧修的洞見

愛不是一份關係。愛讓人有所連結，但是它不是一份關係。關係是一種已經完結的事情。關係是一個名詞；它已經完全結束了，蜜月已經結束了。現在關係裡沒有喜悅，沒有熱情；現在所有一切都結束了。關係意味著有些事情已經結束、完結，封閉了。

愛永遠都不是關係——愛是連結。它一直都是一條河流，它是流動的，無止盡的。

愛不知道什麼是全然的結束；蜜月開始了，但是永遠不會消失。它不像是一本小說，從某個地方開始了，然後它又結束在某個地方；它是一種持續不斷的現象。愛人會消失，愛會持續。它是連續性的。它是動詞，不是名詞。

我們為什麼要把連結所具有的美縮減為關係呢？為什麼我們會這麼匆忙呢？因為連結是令人不安的。而關係是一種保障，關係有一種確定性。連結只是兩個陌生人的會面，它可能只是一夜情，然後早上各自說再見。誰知道明天會發生什麼事呢？而我們是如此地害怕，我們想要事情變得明確，我們想要把它變得可預測。我們想要明天根據我們的想法而發生；我們不讓它自由地按照自己的方式發生。所以我們馬上就把每一個動詞縮減成名詞。當你愛上一個女人或男人時，很快地，你就開始想著結婚，你把它變成一個法定上的合約。為什麼呢？

在一個比較好的世界裡，有著更多的靜心者，地球上有著更多的了解跟領悟時，人們會相愛，但是他們的愛會一直是一種連結，而不是一種關係。我並不是說他們的愛只會是短暫的。他們的愛可能會比你的愛更深入，也可能有著更為親密的品質，或是有著更多的詩意，更多的神性。很可能他們的愛持續得比你所謂的關係還更久。但是它不會受到法律、法庭和警察的保障。它的保障是內在的。那會是一種來自於心的承諾，一種寧靜的會合。如果你享受跟某人在一起，你會想要有越來越多的機會去享受。如果你享受那份親密，你會想要越來越深入探索這份親密。

忘掉關係，試著學習去連結。

一旦你進入關係，你會開始把彼此視為理所當然。而這會摧毀所有的愛情。連結意味著你總是在開始；你持續不斷地試著了解對方。一次又一次，你向彼此介紹自己。你嘗試去看到對方個性裡各個不同的面向。你試著越來越深入對方內在感受的世界，深入對方的存在深處。你試著揭開一個無法被知道的奧祕。

這就是愛的喜悅：一種意識的探索。而如果你保持連結，不把它縮減成為一段關係，那麼對方會成為你的鏡子。當你探索對方的時候，在不知不覺中你也在探索自己。你越來越深入對方，了解他的感覺，他的思想，他內在深處的激盪，你也會知道自己內在深處的激盪。愛變成彼此的鏡子，這時候，愛變成一種靜心。

靜心：愛你自己，以及適合伴侶進行的「合一」靜心

這裡有兩個相關的靜心，你可以找時間自己進行。

首先，對我們每個人來說，最基本也最重要的是：愛你自己。奧修常常提醒我們，愛要從能夠愛自己開始。只有當我們愛自己的時候，我們才能夠去愛他人；自愛是基礎。

方法一：愛你自己

比較好的方法是你能夠找到一個優美的自然場所，而且有一段時間是單獨且不受打擾的，你也可以在家裡最喜愛的某個地方進行（或許是你最喜愛的椅子），或是你為自己創造出來的靜心角落。你甚至可以在晚上入睡前，在自己的床上進行。

稍微實驗一下這個方法：

就是單獨一個人，坐著，你第一次開始愛上你自己。忘掉這整個世界——就是愛你自己。喜歡自己，品嚐你自己……等待一會兒，尋找一會兒。感覺你自己的獨特性，為自己的存在感到歡欣。你在這裡存在著！即使只是這樣一個「我存在」的事實或覺知，都能夠是一個帶來喜樂的瞥見——呼吸在發生著……心臟在跳動著……就是欣喜於所有這一切的發生。

讓這個滋味滲透進入你的每一個毛細孔。允許自己經驗這個活動所帶來的心情激盪。如果你想要的話，你可以開始舞蹈，或是發出笑聲，或是哼唱自己想唱的歌曲——但是記得，仍然待在自己的中心裡……讓這個快樂的泉源從你的內在開始流動，而不是外在。

慢慢地，讓它深入你的經驗裡。

方法二：適合伴侶進行的「合一」靜心

第二個靜心適合伴侶或朋友一起進行。

任何時候，當你覺得關係卡住了，你可以和對方一起進行這個三十分鐘的靜心，或是純粹因為你想和伴侶或朋友擁有更深的連結，超越平常閒聊和語言的連結。這個靜心建議你在晚間進行。

第一階段：彼此面對面地坐著，彼此的手交叉握在一起，十分鐘的時間，就只是看著彼此的眼睛。如果你發現身體開始移動、輕微地搖擺，讓它發生。你可以眨眼，但是仍然持續注視著彼此的眼睛。不論什麼樣的狀況，不要放掉彼此的手。

第二階段：兩個人閉上眼睛，允許身體輕微地搖擺移動十分鐘。

第三階段：現在，站起來，兩個人一起移動著，手仍然握著，也是十分鐘。

這會讓你們的能量深深的融合在一起。

每日一句

有時候，愛人們會覺得愛在那裡，他們自己卻消失了。在愛裡，你很容易感受到這一點，因為愛令人心滿意足。但是在恨裡，你很難感受到這一點，因為恨無法令人感到滿足。深處在愛裡的愛人們，他們所經驗到的，不是他們在「愛」——愛不是一項活動——而是他們變成了愛。

——奧修

第三天：關於憤怒的靜心

今天的課程重點是情緒，特別是一種我們每個人都經驗過的情緒——憤怒。我們的感覺往往會嚴重影響到我們如何看待自己，它甚至會影響到我們的身體健康。通常，我們卡在「表達」與「壓抑」之間。雖然表達憤怒這樣的情緒可能會驚嚇或是傷害到其他人，但是壓抑自己的憤怒，我們也同樣有傷害自己的風險。在我們的生活裡，我們往往會用這兩種極端的方式來處理自己的憤怒：我們如果不是把怒氣發洩在他人身上，就是把它悶在心裡，留在內在，然後自己感到很糟糕。

在今天的演講裡，奧修提供了第三種可能性，這種方法能夠讓我們成為自己情緒的主人，而不是被情緒所「接管」。在你傾聽過這種方法，了解如何面對憤怒這個通常不受歡迎的情緒之後，我們會向你介紹一種簡單的方法，你可以運用它發展自己的竅門，帶著覺知來回應情緒，而不會因此反彈或是感到被淹沒。今天的練習活動特別適合用來改變憤怒的「自動化」模式。

奧修的洞見

如果你試著不要生氣，你會壓抑憤怒。如果你試著超越憤怒，那麼你不會壓抑憤怒：你需要了解憤怒，你需要觀照憤怒。觀照就是超越。

如果你壓抑憤怒，憤怒會進入你的潛意識；你會變得越來越受到毒化。這不是好事，這不健康；它遲早會讓你變得神經質。而且，遲早有一天這些累積的憤怒會爆炸，而那更危險，因為那時候，它絕對是你無法控制的。

最好每天都小劑量的處理掉一些憤怒。這種小劑量的方式就是順勢療法的方式：你每隔一段時間都會生氣，那就讓自己生氣，這比較健康，這會比累積憤怒好幾年，然後一次爆發要來得健康多了。因為那時候，情緒太多了；你甚至無法意識到自己在做什麼。那會是絕對瘋狂的。你可能會做出傷害自己或他人的事情；你可能會殺人，或是自殺。

超越是一種全然不同的過程。在超越裡，你不壓抑憤怒，也不表達憤怒。

目前你只知道兩種處理憤怒的方式：表達或壓抑。而這兩者都不是真正的解決之道。你不表達憤怒是因為如果你表達了，你會在他人身上製造出憤怒；這麼一來，它會變成一種連鎖反應……對方也會表達他的憤怒，然後你又再次被激怒……這樣的話，何時才是盡頭呢？而且你表達得越多，它越會成為一種習慣，一種機械化的習慣。你表達得越多，意味著你練習得越多！到時候，要擺脫這個習慣會變得更加困難。

出於這種恐懼，人們開始壓抑而不表達憤怒，因為它會為你和他人帶來莫大的痛苦，而且那是毫無意義的。它讓你變得醜陋，它為你的生活帶來更多的麻煩，然後你還需要為它付出代價。因此，慢慢地，慢慢地，它變成一種習慣，變成你的第二天性。

出於對表達的恐懼，壓抑出現了。但是，如果你壓抑，你就是在積聚毒素。遲早它會爆發的。

第三種方式是世界上所有開悟者的方式，你既不表達也不壓抑，而是觀照。當憤怒出現時，靜靜地坐著，讓憤怒在你內在的世界圍繞著你，讓那些雲團圍繞著你，而你就是成為一個寧靜的觀照者。看到：這是憤怒。

佛陀曾經對他的門徒說：當生氣出現時，傾聽它，傾聽它的訊息。你要一次又一次地記得，持續不斷地告訴自己：憤怒，憤怒……保持警覺，不要昏睡了。保持警覺，覺知到憤怒正籠罩著你。而你不是它！你是憤怒的觀察者。這就是關鍵所在。

慢慢地，觀照著，你和它會變成是完全分離的兩回事，以至於它無法影響到你。而且，你變得與它分離，距離如此疏遠、冷淡且遙遠。你們之間的距離變得如此之遠，以至於它變得不再重要。實際上，你會開始嘲笑自己過去因為憤怒而做出的荒謬行為。它不是你。它在那裡，在你的外在。它圍繞著你。但是，一旦你不再認同它的時候，你就不再把精力投注其中。

記住，是我們把能量投入到憤怒裡；唯有如此，它才會變得如此重要。它沒有自己的能量；它仰賴我們的配合。而在觀照中，這份配合中斷了；你不再支持它。它還會在那裡，持續幾個片刻，持續幾分鐘，然後它會消失。當它在你的內在找不到根源，當它發現你無動於衷，看到你距離遙遠，就像是山上的觀照者時，它會消散，它會消失。而這個消失是很美的。這個消失是一個重要的經驗。

看著憤怒消失，一種莫大的寧靜會升起：那是暴風雨後的寧靜。你會很驚訝地發現，每次當憤怒升起時，如果你可以保持觀照，你會進入前所未有的寧靜。你會進入深度的靜心裡……當憤怒消失時，你會看到自己是如此地鮮活，如此地年輕，如此地天真，那是你從來不知道的自己。這時候，你甚至會感謝憤怒；你不再對它生氣——因為它為你的生活帶來了一個新的美好空間，它讓你經歷了一種全新的經驗。你充分運用了它，並且讓它成為你上升的階梯。

這是一種創造性的方式來運用你負面的情緒。

靜心：改變憤怒的模式

通常，憤怒讓我們感覺像是在我們的表層之下沸騰著，等待爆發的時機。即使你發洩了憤怒，找到方式來表達它，但是除非你深入發現它的根源——找到內在引發它的原因——否則你內在的模式是不會改變的。如果你只是想要發洩它，然後再一次累積憤怒的話，這種模式會持續不斷。

今天的靜心可以破除我們這種一次又一次積累憤怒的模式。這個方法是奧修特別針對那些有困難面對憤怒的人所發展出來的，它運用你的身體為指引。真誠地實驗它，然後看看它為你帶來什麼變化。要知道這一點的唯一方法就是實際去進行它。

你需要大約二十分鐘的時間，以及一個不受干擾、可以單獨的地方。你可以設下鬧鐘或計時器十五分鐘。

方法

每天十五分鐘，你可以在任何你覺得適當的時間進行，關上房門，坐著或站著，就是開始感覺憤怒——但是不要釋放它，不要表達它。持續地感受憤怒，幾乎像是要瘋了一樣，但是不要發洩，不要做任何表達……甚至不要搥打枕頭。用各種方式壓抑它。

一開始，你可能需要回憶某一個讓你生氣的情況，帶回當時的感覺。但是，讓你的身體引導你，把注意力放在你身體的感受上——而不是一開始引發憤怒的原因。不要把它理智化，你只需要跟憤怒時身體裡的感受待在一起。並且讓這些感受變得越來越強烈。

如果你覺得胃部變得緊繃，就像有什麼東西要爆炸了，緊縮你的胃部；讓它盡可能的緊繃。如果你覺得肩膀變得緊繃，手想要握成拳頭，想要揍人，那就讓你的肩膀和拳頭更加緊繃。如果你發現自己下巴繃緊，想要尖叫，那就讓你的下巴甚至更繃緊一些。讓你的整個身體盡可能緊繃，就像是一個正在沸騰的火山，但是不要釋放。這是你要記住的重點——不釋放，不表達。不要尖叫，否則你的胃會開始放鬆開來。不要搥打任何東西，否則你的肩膀會釋放並且放鬆開來。十五分鐘的時間，就是持續地加熱，就像你試著到達沸點一樣。持續十五分鐘，讓這個緊繃來到最高點。在計時器跟鬧鐘響起之前，盡你最大的努力保持所有的張力。

然後，當計時器響起時……靜靜地坐著，閉上眼睛，放鬆身體，就是觀照正在發生的事情。至少花五分鐘待在這裡觀照著，如果你覺得可以的話，可以觀照得更久一點；放鬆身體，就是觀照著。

如果你發現這個方法適合你的話，你可以連續兩週每天都進行一次。這種身體系統上的加熱會讓你以往的固定模式開始融化。

如果你覺得憤怒不是你的議題，你可以改成悲傷、嫉妒、恐懼或任何其他你想要改變模式的情緒，並且根據情況來調整這個練習。

每日一句

靜心是蛻變生命的科學。透過分析與自然科學，人類接觸到原子以及原子所具有的力量。但是靜心能夠觸及靈魂以及靈魂的力量。

——奧修

第四天：平衡地生活

活著的人總是在兩極中移動著：奧修協助我們了解兩極交互關係的重要性，這份重要性不僅是針對我們的整個存在，也針對我們經驗中的各個向度——就像是白天與黑夜，上與下，歡樂和悲傷——它們都需要被接受。

在今天的演講裡，奧修談論到平衡生活的藝術。生活可能是一種令人感到不適的極端經驗，但是執著於中道，把它變成一種不變的靜止狀態，也不見得是個好主意。在奧修演講之後的靜心裡，我們會學習到如何接受以及放鬆在我們所謂的「負面」部分裡，同時矛盾的是，那些負面的部分又是如何為生命增添了一些滋味。

奧修說：

生活是由極端所組成的。生活是相反兩極之間的一種張力。一直待在中央意味著死寂。中道只在理論上是可行的；偶爾，你會來到中央，但那是一種過渡階段。就像是走鋼絲一樣；你不可能一直待在中央。如果你試著這樣做，你會墜落。

處於中道，並不意味那是靜態的，它是一種動態的現象。

平衡不是一個名詞，而是一個動詞；它正在平衡中。走鋼絲的人不斷地從左邊移動到右邊，從右邊移動到左邊。當他感覺到自己朝著左邊移動太多，可能會墜落時，他會馬上朝著相反的方向——右邊——移動來平衡自己。從左邊到右邊，沒錯，有一瞬間他會來到中央。然後再一次，當他朝右邊移動太多時——墜落的恐懼會出現，他覺得自己失去平衡了——他會開始向左移動。當他從右邊往左邊移動時，有一個片刻，他會再度經過中央。

這就是我所謂平衡不是名詞而是動詞的意思——它正在平衡中，它是一個動態的過程。你沒有辦法待在中央。你可以不斷地從左到右、從右到左地移動著。這是你保持中道的唯一方法。

不要逃避極端，也不要選擇任何一個極端。讓你自己對兩極都是敞開的——這是一種藝術，保持平衡的祕訣。是的，有時候你會感到全然的快樂，有時候你會感到全然的悲傷：兩者都有著它自己的美。

我們的頭腦想要選擇；這就是為什麼問題會出現。讓自己不作選擇。不論發生什麼事，不論你身在何處，不論你是在右邊還是左邊，不論你是在中央還是不在中央，盡可能全然地享受那個片刻。當你感到快樂時，舞蹈，歌唱，演奏音樂——就是讓自己開心。而當悲傷來臨時——它是一定會到來的，它正在到來的路上，它必然會發生，這是不可避免的，你無法逃避它——如果你嘗試逃避悲傷，你也就摧毀了快樂的可能性。就像是白天不能沒有黑夜，夏天不能沒有冬天一樣，生命也不能沒有死亡。

生命包含兩者：它帶來莫大的痛苦，也帶來莫大的歡愉。痛苦和歡愉是同一枚硬幣的兩面。如果你遠離其中一方，你也就遠離了另外一方。好幾個世紀以來，這一直是人們最根本的誤解之一：你可以遠離痛苦而保有快樂，你可以避開地獄而擁有天堂，你可以逃避那些負面的部分，只留下正面的部分。這是最大的誤解。就事物的本質而言，這是不可能的。正面與負面是一起的，無可避免地同在，它們是不可分割地同在。它們是同一股能量的兩個不同向度。

你看不到悲傷所具有的美嗎？靜心感受它。下一次當你感到難過時，不要跟它對抗，不要浪費時間在抗爭裡。接受它，歡迎它——把它當成客人一樣地歡迎它。帶著愛與關懷，深深地洞悉它。成為一個真正的主人。然後，你會很驚訝地發現——這是遠超過你所能理解的驚訝——悲傷有著一種快樂所無法具有的美。悲傷是有深度的，快樂總是表淺的。悲傷有眼淚，而眼淚所能夠到達的深度要遠比任何笑聲都來得深。悲傷有著它自己的一種寧靜、一種旋律，而那是快樂所無法擁有的。

盡可能地經驗生命的各種可能性；不要選擇某件事情，而抗拒另外一件事，也不要嘗試待在中央。還有，不要試圖去平衡自己——平衡不是你可以透過作為而出現的。平衡是一種在你經驗過生命各個不同的向度之後，才會出現的東西。

靜心：接受那個負面與正面的部分

我們需要學會與自己負面和正面的部分共處；唯有如此，我們才能變得完整。通常，我們只想要生活裡正面的部分。但是你需要接受兩者。生命就是如此——兩者同時並存。在這個靜心裡，你練習了解並且接受生命的所有向度，允許一種和諧從中升起。

當你找時間進行這個靜心時，三個階段，每個階段都是五分鐘。現在，你可以體驗一下，每個階段都嘗試一會。

方法：

第一步：閉上眼睛，然後開始看向你的身體內部，看著你的思想、你的感覺。

在這個片刻裡，你能夠在哪裡找到負面的部分呢？它一直都存在著，所以就是找到一些「負面」的部分，不管它是多麼的細微。當你找到的時候，不要做任何事情來擺脫它。或許你正覺得焦躁不安：那就允許自己焦躁不安。或許你正覺得冷：那就允許自己發抖並且享受它。或是，你正覺得很熱，那就讓自己出汗並且放鬆在其中。或是，你對生活裡的某些事情感到不高興，那就允許自己不高興！不需要因此而大驚小怪，就是讓自己不高興。或是你身上某個部位正覺得疼痛，就讓那個疼痛在那裡，跟它放鬆地待在一起。不論在這個片刻裡，你找到什麼負面的部分，跟它們放鬆地待在一起。

第二步：現在讓那些負面的部分消失，仍然閉上你的眼睛，看向你的身體內部，你的思想，你的感覺。在這個片刻裡，你能夠在哪裡找到正面的部分呢？它在那裡，它是兩極中的另外一端，所以，不論它有多小，你都應該能夠找到它。當你找到它的時候，不要做任何事情讓它增長或是緊抓著它不放。就是和這些正面的部分放鬆地在一起。或許你感覺自己坐在這裡是舒服的，那就享受它。或許你覺得這個片刻就是屬於你的，跟它放鬆地在一起。如果這種幸福或輕盈的感覺帶出某些回憶，享受它……不需要大驚小怪。接受它，就像你接受負面一樣地接受它。

第三步：現在，讓正面的部分也消失離去，眼睛仍然閉著，就是待在這裡——允許你黑暗與光亮之間的那份和諧，允許那份對比，那是你內在相反的兩極。你接受黑暗的部分，也接受光亮的部分，並且了解就是因為這份對比，生命擁有一種和諧。花一點時間，就是待在這裡。

現在，你可以再一次張開眼睛，帶著一份了解——來享受你今天接下來的時光，平衡來自於充分經驗過生活裡的各個不同向度。

每日一句

生命需要兩者：尖刺與玫瑰，白天與黑夜，快樂與不快樂，生與死。讓自己成為一個觀照者，看著所有這一切，然後你會發現有些事情超越了誕生與死亡，超越了黑暗與光亮，超越了快樂與不快樂。佛陀把它稱為平靜、涅槃。

——奧修

第五天：愛與靜心同時並進

在今天整理的奧修演講裡，他提供了他對關係這個「公案」的見解。我們的親密關係往往充滿了挑戰，它是我們生活裡許多高低起伏、正向或負向情緒的源頭。人們經常會用這句你我都熟悉的話語來描述關係，而它同時適用於男人和女人：「你受不了它，但也少不了它。」奧修說，當我們能夠明瞭伴侶並不是我們快樂與痛苦、沮喪或滿足的原因，而是讓我們能夠看清楚自己的一面鏡子時，這份了解會為你和對方的關係——這個一起探索生命的旅程——帶來一種全新的品質。

今天的靜心練習是「讓心像花一樣地敞開」。你可以在任何你覺得適當的時間嘗試這個靜心。

奧修的洞見

關係是一個公案。而且，除非你解決了自身一個更為根本的問題，否則你無法解決它。只有在你解決了靜心的問題之後，愛的問題才會解決。因為真正帶來問題的是兩個缺乏靜心的人，兩個充滿困惑、不知道自己是誰的人，當他們在一起的時候，他們的困惑很自然地會加成；困惑會被放大。

除非你能夠靜心，否則愛會一直是痛苦的。一旦你學會了如何單獨地生活，學會如何享受自己單純的存在，而且是毫無理由的享受。這時候，你或許能夠解決第二個問題，也就是兩個人在一起這個更為複雜的問題。只有兩個靜心者能夠生活在愛裡，這時候愛不再是公案。但是這時候，它也不會是關係，至少不是你所了解的關係。它會純粹只是一種愛的狀態，而不是一種關係的狀態。

所以，我了解你碰到的麻煩。但是我還是要人們進入這些麻煩裡，因為這些麻煩會讓你覺知到自己根本的問題——那就是，你的內在深處，仍然是一個謎。至於對方，只是一面鏡子。你很難直接看到自己的問題。這時候一面鏡子出現了：你可以透過鏡子看到自己的臉，而對方也可以透過鏡子看到他自己的臉。兩個人都很生氣，因為兩個人看到的都是醜陋的面孔——很自然地，他們對著彼此叫罵，因為他們有一種很自然的邏輯：「是你，是你這面鏡子，讓我看起來如此醜陋。不然我是一個美好的人。」

這就是戀人們一直努力、卻無法解決的問題。他們一次又一次地說：「我是一個美好的人，是你讓我看起來如此醜陋。」

沒有任何人讓你變得醜陋——你就是醜陋的！抱歉，但是事情就是如此。你要感謝對方；你要對對方心懷感激，因為他協助你看到自己的臉。

不要因此而生氣。而是深入自己，深入靜心裡。

然而實際發生的事情是，每當人們戀愛時，他就忘了靜心。我看著你們：每當我發現有幾個人不見了，我知道他們發生了什麼事情。愛發生在他們身上了！然後這時候，他們認為自己不需要待在這裡了。只有當愛帶來困擾，而且是幾乎無法解決的困擾，他們才會再出現。這時候他們會問說：「奧修，我該怎麼辦？」

當你在愛裡的時候，別忘了靜心。愛不會解決任何問題。愛只會讓你發現你是誰，你在哪裡。好的是愛讓你保持覺知——警覺到你整個人內在的困惑與混亂。這時候，是你靜心的時候了。如果愛與靜心同時存在，那麼你會擁有兩隻翅膀，也會找到平衡。

同樣，反之亦然。當一個人深入靜心，然後他開始迴避愛，因為他認為如果自己陷入愛裡，靜心會受到打擾。這也是錯的。靜心從來不會受到打擾，靜心只會因此而得到協助。為什麼靜心會因此而得到協助呢？因為愛會持續向你顯示自己內在哪裡仍然有著問題，它會顯示你現在的狀態。沒有愛，你無法意識到自己的問題。但是無法意識到自己的問題，並不意味著它們已經解決了。沒有鏡子，也不代表你就沒有臉孔。

愛與靜心應該齊頭並進。這是我想跟你分享的根本訊息：愛與靜心需要齊頭並進。愛與靜心，靜心與愛，然後慢慢地，慢慢地，你會看到一種新的和諧在你的內在升起。只有這份和諧才會讓你感到滿足。

靜心：讓心像花一樣地敞開

這個靜心會運用到呼吸……「呼吸」它一直都持續地發生著，即使大多數的時候，我們都沒有意識到它的存在。

現在，花一點時間，穿著寬鬆衣服，特別是你胃部的區域，以便這裡可以更自由的移動。

奧修說：「有時候，充滿了愛的心就在那裡……但是它像是一個花苞，而不是一朵花，它的花瓣是封閉的。這個花苞能夠成為一朵花。」

在這裡，你需要注意一點，就在你雙乳之間，有著心肌，並且有著心的中心——有時它被稱為心輪或心的中心。在這個靜心裡，我們會碰觸到心輪。如果你想要的話，你可以想像你的心輪是一種花，是你想要的任何一種花。

這是一個簡單的呼吸方法，協助你的心輪開花綻放。

方法

放鬆地坐著，同時讓脊椎保持挺直。

花一點時間，開始覺知到你的呼吸……不要改變它，而是越來越覺知到它，覺知它是如何地進行著。

你的呼吸是深還是淺？……它是自行發生的嗎？還是你觀察到自己在用力吸氣……或是吐氣？你在吸氣時覺得比較舒服，還是吐氣時覺得比較舒服？

現在，我們會用一種特殊的方式呼吸。我們會先說明這個方式，然後你可以閉上眼睛，進行練習。

首先，全然的吐氣，直到所有的空氣都從肺裡排出為止；這時候，收縮你的胃，透過這個動作排出剩餘的空氣。

當你覺得所有的空氣都排出去以後，停下來，讓你的肺盡可能地保持在這種狀態裡，越久越好（不用擔心，每當身體需要的時候，空氣會自動快速地回流）。

當空氣快速湧入時，它會打開心輪的花瓣。這是讓心輪敞開最有效的方法之一。

現在，讓你自己準備好：

深深的吐氣，收縮胃部，排出肺部所有的空氣。

當你感覺到所有空氣都排出之後，盡可能地保持這個空氣排出的狀態……盡可能地待在這種狀態裡，越久越好。

……當空氣湧進來的時候，感覺它打開了心輪的花瓣。

現在，再做一次：

深深地吐氣，讓你的胃部收縮，排出肺部所有的空氣。

當你感覺所有空氣都排出之後，盡可能地待在那裡……盡可能地越久越好。

當空氣湧入時，感覺它打開了心輪的花瓣。

有時候如果你想要改變自己的心情，你也可以運用這個簡單的方法——或許你覺得嫉妒，或許工作上有些事情讓你煩惱，或許你因為某人對你說的話而感到不高興。就是花一點時間，排出肺部所有的空氣……同時，感覺你那些負面的感覺也跟著排出去。把它排出去。然後當空氣重新快速湧入時，允許你心輪的花瓣能夠敞開來。

每日一句

靜心是起點，是種子；喜樂則是那個花朵。當我說靜心時，我指的不是透過頭腦來觀看——頭腦會讓你跟世界切斷連結——而是指透過心來觀看。是你的心，讓你跟世界有所連結，也是你的心，有勇氣跟整體融合、會合。頭腦是個懦夫，而心擁有真正的勇氣。

——奧修

第六天：危險地生活著

我們每個人幾乎都有一個「舒適區」，在其中我們感覺安全，有保障，就好像所有一切都在我們的掌控之中。但是有時候，這個舒適區會變成一個監獄，一個似乎永遠都不會改變的地方，在那裡，我們發現自己日復一日地按照固定的模式生活著。當這種情況發生時，我們會覺得自己「卡住了」。今天的課程邀請我們走出這個熟悉、安全、有保障的舒適區。在奧修的演講裡，他回答了一個問題：「什麼叫做危險地生活著？」他的回答或許會讓你感到驚訝。

在那之後有一個靜心練習活動，練習放掉我們在自己周圍所建構出來的「盔甲」，特別是當我們害怕走出舒適區的時候。你可以在自己家裡這個安全的環境裡進行這個靜心，它是一個卸下保護層的實驗，好讓我們能夠跟人們以一種更新、更為親密且融洽的方式相逢。

奧修的洞見

什麼叫做危險地生活著？

危險地生活著，意味的是你有真正地活著。如果你毫無危險地生活著，那麼你並不曾真正地活著。生命只會在危險中綻放。生命永遠不會在安全中綻放；它只會在不安全的情況下開花綻放。

如果你開始變得安全，那麼你會成為停滯的水池。這時候，你的能量不再流動。你會感到害怕，因為你不知道如何進入未知。你會說為什麼要冒險呢？已知的世界更安全。這時候，你沉溺在熟悉的環境裡。你不斷地對它感到厭倦，感到無聊，感到痛苦，但是它仍然看起來是熟悉與舒適的。至少它是已知的。未知在你的內在創造出顫抖——光只是未知這樣一個想法，就讓你開始覺得不安。

這個世界上只有兩種類型的人。一種是想要過著舒適生活的人——他們正在尋求死亡；他們想要一個舒適的墳墓。另外一種是想要活出自己生命的人——他們選擇危險地生活著，因為只有在冒險中，生命才會成長茁壯。

你曾經登山過嗎？你爬得越高，你就越是感到新鮮，你也覺得自己越是年輕。你跌倒的危險越高，身旁的深淵越深，你就越是會在生死之間……感覺到自己的活力。這時候，你一點都不會覺得無聊，這時候，沒有過去的塵埃，也沒有對未來的欲望。這時候，這個當下片刻是銳利的，就像火焰一樣。它本身就是具足的，你活在這個當下片刻裡。

或是當你去衝浪……當你去滑雪……或是滑翔時。每當你有著失去生命危險的時候，那其中都有著無比的喜悅，因為失去生命的危險讓你感受到自己無比的生命力。因此，人們會受到危險運動的吸引。

你所到達的地方越高，你越是遠離安穩的生活常態，你會再一次變得狂野，你會再一次成為這個動物世界裡的一部分。在那些片刻裡，所有那些保障、銀行存款、妻子、丈夫、家庭、社會、教會、受人景仰的名聲……都在逐漸地消失，變得越來越遙遠。你開始變得單獨。

這就是為什麼人們如此熱中於運動的原因。但是，這其實並不是真正的危險，因為你能夠變得越來越熟練而富有技巧。而且，這些危險只是身體上的風險，只有身體涉入其中。當我對你說，讓自己生活在危險當中的時候，我指的不僅是身體上的危險，還包含了心理上的危險，最終則是心靈上的危險。

當我說讓自己生活在危險中的時候，我的意思是：不要過著那種受人尊敬的平常生活——擔任某個城鎮的市長，或是成為某個企業的員工。這不是生活。當所有一切都進展順利時，就是看一看——你正在邁向死亡，卻沒有任何實質的發生。你要小心：人們可能會為了平凡的世俗瑣事而錯失生命。

讓自己具有靈性的意思是：明瞭這些瑣事不應該占據你過多的注意力。我並不是說它們毫無意義。金錢是必要的，它是必需品，但金錢不是目的，它也不能成為你的目的。當然，一個住處是必要的。它是一個必需品。我不是苦行僧，我也不希望你毀掉自己的住處，逃到喜馬拉雅山上去。

人們來找我，對我說他們感到無聊。他們覺得受夠了，他們覺得自己卡住了。他們問我該怎麼辦？他們以為只要反覆頌唱某個咒語，他們會再度恢復活力。事情沒有那麼容易。他們需要改變的是自己的整個生活方式。

愛，但不要讓自己的愛淪為婚姻。工作——工作是必要的——但是不要讓工作成為你生命裡唯一的事物。你的生活裡仍然應該保有遊戲的部分，它應該是你生活的中心。工作應該是讓你能夠遊戲的一種工具。你在辦公室裡工作，你在工廠裡工作，你在商店裡工作，但那都只是為了讓你有時間、有機會去遊戲。不要讓你的生命被縮減成日復一日的工作。因為生活的目地在於遊戲。而遊戲的意思是指你做某些事情時，純粹是因為這些事情讓你覺得有趣。

讓自己危險地生活著，意味著把生命的每一個片刻都當成終點。每一個片刻都有著它自己的根本價值。而你不覺得害怕。你知道死亡在那裡，你也接受死亡在那裡的這個事實，但是你並不逃避死亡。實際上，你讓自己面對死亡。你享受那些面對死亡的片刻，不論是身體上、心理上還是靈性上。

享受那些直接面對死亡、那些死亡幾乎可能成為現實的時刻，就是我所謂的讓自己生活在危險中。

愛讓你面對死亡。靜心讓你面對死亡。

但是記得一件事情——永遠不要忘記冒險的藝術，永遠，永遠不要忘記。讓自己始終保有冒險的能力。不論你能夠在哪裡找到冒險的機會，不要錯過它，這麼一來，你永遠不會成為一個失敗者。冒險是你真正活著的唯一保證。

靜心：讓盔甲溶解消失

今天的靜心重點在於讓我們的保護能夠消融、消失，那是一種無形的盔甲，是我們面對世界時的自我保護，也是我們的「無風險」區。

我們保護自己，讓自己不受到外在情境或他人威脅的一種方法，就是在自己的周圍創造出一層盔甲，一層「防護盾」，它讓我們覺得自己不那麼脆弱，讓我們感到安全、有保障。我們很容易在他人身上看到這一點——我們甚至有一種通用話語來描述這一點；當一個平常害羞的人開始表達自己時，我們會說：「她離開自己的保護殼了。」

有時候，這種盔甲很有用，甚至是必要的。但是問題在於，它往往會成為一種習慣，一種模式，它幾乎變得像是我們的第二層皮膚，讓我們變得缺乏活力，缺乏自發性，讓我們難以嬉戲，並且對自己缺乏信心。但是，我們帶著這層盔甲很久了，以至於我們不知道如何脫掉它——雖然就事實而言，我們應該能夠像穿上它一樣輕易地脫下它。

有一位女士正好帶著這個困擾來到奧修面前，這是奧修所說的話：

你身上帶著一層盔甲。但是它只是一層盔甲。它並沒有緊抓著你，而是你在緊抓著它。所以，當你覺知到它的存在時，你只需要放掉它就好了。盔甲是死的：如果你不繼續帶著它，它會消失的。

接下來，奧修提出了一些方法，協助人們能夠更為覺知到自己的盔甲，這個靜心方法讓人們能夠把覺知帶到盔甲所在的位置。

方法

這個靜心分為三個階段：

第一階段：不論是行走還是坐著，深深的吐氣。你把重點放在吐氣上，而不是吸氣。讓自己深深的吐氣——盡可能地把空氣排出體內。你透過嘴巴來吐氣，但是讓它是緩慢的，所以它會需要一點時間。你吐氣的時間越長越好，因為這麼一來，你的吐氣也變得越來越深。當體內所有的空氣都被排出時，這時候，身體會自行吸氣；但不是你在吸氣。你的吐氣應該是緩慢而深長的，而吸氣應該是快速的。

這會改變你胸腔附近的盔甲。

第二階段：開始稍微跑步起來，你可以慢跑或是快速地行走。當你的腿部在移動時，想像有重擔正從你的腿上消失，就好像它正從你的腿上掉落一樣。當我們的自由受到過多的限制時，我們的腿上會帶著盔甲。所以，讓自己開始跑步、慢跑或行走，或甚至開始隨意地舞蹈，當你的雙腿移動時，感覺腿上的盔甲掉落下來。然後再一次，跟第一階段一樣，把更多的注意力放在你的吐氣上。

一旦你重新找回你的雙腿以及它們所具有的流動性，你會感覺到一股巨大的能量之流。

第三階段：當你晚上準備入睡時，脫掉你的衣服，在你脫下衣服時，就是想像你不僅是脫下你的衣服，你也脫下了你的盔甲。確實進行這一點。脫下你的衣服，深深的吐氣出來，同時讓另一層盔甲能夠溶解、消失。

每日一句

當一顆種子成為幼苗時，它正進入一個未知的世界裡。當幼苗開始長出花朵時，它再一次進入未知裡。而當芬芳從花朵上散放出來時，再一次，那是一個巨大的跳躍進入未知裡。生命在每一個步伐裡，都需要勇氣。

——奥修

第七天：觀照頭腦

所有靜心方法的本質就是看、觀照、觀察以及注意。為什麼我們無法來到自然狀態（這就是為什麼我們會需要「方法」！），因為我們完全自動化地沉浸在思想和情緒的過程中——這些統稱為頭腦。

我們似乎已經失去了思想的「開關」，所以我們的思想和成見變成了我們無法擺脫的無情伴侶。即使身體已經疲倦了，仍然有思緒讓我們難以入眠。有趣的是，奧修把情緒和思想都包含在所謂的「頭腦」中。我們大概都曾經有過這種「思緒和感覺機器」讓我們抓狂的經歷。我們大多數人可能也都想過，如果我們能夠在不需要思考時透過意志力關掉這個機器，保持平靜與安靜，那就太好了。

奧修曾經多次談到頭腦，圍繞在他周圍的人也提出過許多與頭腦相關的問題。在今天的演講摘錄裡，奧修回答了一個關於頭腦是否能夠就此「自殺」的問題。很明顯地，提出這個問題的人希望能找到某些捷徑讓頭腦的思緒安靜下來。在奧修的回答裡，他就頭腦與靜心之間的關係，做出了很美的說明。

在後面實際的靜心裡，奧修提供了一種方法，他建議我們擁抱自己的思想，開始享受頭腦，而不是與之對抗；另一種方法則提供了一種有效、立即、停止的方式，讓我們跟思想開始能夠保持一些距離。

奧修的洞見

頭腦能自殺嗎？

頭腦不能自殺，因為頭腦所做的任何事情都會強化頭腦。任何來自於頭腦的行為都會讓頭腦變得更強壯。所以頭腦自殺是不可能發生的。

每當頭腦有所作為時，這意味著頭腦在延續它自己——所以自殺不會自然發生。但是自殺還是會發生。頭腦不能自殺，真的嗎？讓我清楚地告訴你：頭腦無法自殺，但自殺仍然會發生。它透過觀照思想而發生，而不是任何作為而發生。

觀照者與頭腦是分離的。它比頭腦來得更深，也比頭腦來得更高。觀察者總是隱藏在頭腦的後方。一個念頭過去了，一個感覺出現了——是誰看見這個念頭呢？

不是頭腦本身，因為頭腦不過只是一連串念頭和感覺的過程。頭腦只是思緒的流動。是誰在觀看呢？當你說「我內在出現了一個憤怒的念頭」時，這個「你」是誰？這個思緒是從誰的內在升起的？那個容器是誰？思緒只是內容——誰是那個容器呢？

頭腦就像是你列印一本書：在白色、乾淨的紙上，文字顯現出來。那個空白的紙是容器，而列印出來的文字是內容。意識就像是那空白的紙張，而頭腦則是書寫、列印出來的文字。

不論你內在有些什麼，不論你能夠看到和觀察到什麼，那都是頭腦。那個觀察者不是頭腦，被觀察的是頭腦。因此，如果你可以就只是持續地觀察，不做任何譴責，不透過任何方式和頭腦產生衝突，也不沉溺於思緒中，不跟隨它，不反對它——如果你就只是待在那裡，對它漠不關心，那麼在這份漠不關心裡，自殺會出現。並不是頭腦會自殺，而是當觀照者出現時，那份看見就在那裡——頭腦就消失了。

頭腦透過你的合作或衝突而存在。這兩者都是對頭腦的一種合作——也是一種衝突！當你與頭腦對抗時，你為它付出精力。在你的對抗之中，你已經接受了頭腦；在你的對抗之中，你已經接受了頭腦的力量。所以，不論你是與之合作還是衝突，在這兩種情況底下，頭腦都會變得越來越強大。

就只是看著。成為一個觀照者。然後，慢慢地，你會看到有空隙出現。一個念頭過去了，另外一個念頭尚未出現——那裡有著空隙。在那個間隔裡，有著平靜。在那個間隔裡，有著愛。在那個間隔裡，有著你一直在尋找卻從未找到的一切。在那個空隙裡，你不再有自我。在那個空隙裡，你是無法定義的，你是不受限制與監禁的。在那個空隙裡，你是遼闊的、無邊際的、無限的。在那個空隙裡，你和整個存在是一體的——其中沒有任何屏障。你的界限消失了。你融化進入這整個存在裡，而存在也融化於你之中。你們彼此交融。

如果你持續不斷地觀照，也不執著於這些空隙……因為現在，很自然地你會開始執著於這些空隙。如果你開始渴望這些空隙出現……因為它們是這麼地美，它們是這麼地喜樂。所以很自然地，你開始執著於它們，渴望擁有越來越多的空隙，這時候，你會錯過，這時候，你的觀照者消失了。這時候，那些空隙會消失，然後頭腦的車流會再次出現。

所以，第一件事情，成為一個漠不關心的觀照者。第二件事情，你要記得，當美好的空隙出現時，不要執著於它們；不要尋求它們，不要期待它們出現的更多。如果你能記住這兩件事——當美好的空隙到來時，仍然觀照著它們，保持你漠不關心的態度——那麼有一天，那些路上的車流會消失，它們兩者都消失了。只留下無限的空無。

這就是佛陀所說的「涅槃」——頭腦停止了。這就是我所說的自殺——但不是頭腦自己自殺。頭腦是不可能自殺的。你可以協助它發生。你可以阻礙它，也可以協助它發生——這完全取決於你，而不是你的頭腦。所有頭腦的作為都只會強化頭腦。

因此，靜心並不是來自頭腦的努力。真正的靜心不是努力。真正的靜心純粹只是讓頭腦按照它自己的方式發生，而你不做任何干涉——你只是保持警覺、觀照。它會安靜下來，慢慢地，它會靜止下來。然後有一天，它就消失不見了。只留下你單獨地存在著。

這份單獨就是你的真實。在這份單獨之中，沒有什麼被排除在外，記住這一點。在這份單獨中，所有一切都被包含在內。

靜心：享受頭腦，還有……停！

第一種靜心方法來自於奧修對一位男士的建議，他對奧修抱怨說：「我真是受夠了我的頭腦。我覺得自己從來沒有待在當下過，而且我完全看不到任何事情。我嘗試過所有方法：我試過靜心，我試著保持覺知，但是我就是沒有感覺。」奧修在對他的回答裡說，某種程度來說，他其實在違背自己的本性——他是一個「頭腦型的人」，而不是「心型的人」，如果他試圖改變自己，他只會讓自己越來越痛苦。所以，奧修提供了另一種可能性。

方法一：享受頭腦

不要嘗試停下你的思緒。它是你很自然的一部分；如果你試圖停止它，那只會讓你抓狂。那就像是一顆樹試圖停止自己的葉子搖動一樣；那棵樹會抓狂。

但是，光只是讓你的思想流動是不夠的；第二步是享受這些思緒，跟它一起遊戲！透過遊戲，你享受它，歡迎它，然後你會開始更為警覺它，覺知它，而且是毫不費力的覺知它。平時，當你試著保持覺知時，頭腦會岔開你的注意力，然後你會開始生氣——然後再一次，這種衝突和摩擦只會強化你的頭腦。

因此，這個方法就是開始享受思緒的過程。就是看著各個思緒之間的細微差異，還有它們的轉變——一件事情是如何帶出另外一件事情，思緒之間是如何串連在一起的。那真是一個值得你好好觀看的奇蹟！只是一個小小的念頭，它就能帶你展開一個漫長的旅程。一隻狗叫了，你的思緒受到引動。然後你忘了那隻狗，你想起一個朋友，他也有一隻很美的狗。這時候，你就啟程了！然後你忘了這個朋友，你想起這個朋友的太太長的很漂亮，你就是這樣持續下去，然後你又想起另外一個女人……你會在哪裡結束，沒有人會知道。而這所有一切都開始於一隻狗的叫聲！

享受它。讓它成為一個遊戲；刻意地進行這個遊戲，然後你會很驚訝地發現——光只是享受它，你會發現一個美好的停頓開始出現。比如說，你會突然間發現，一隻狗叫了，但是你的頭腦裡沒有任何事情出現，思緒的鎖鍊沒有出現。狗繼續吠叫著，你也持續傾聽著，但是沒有任何念頭出現。一個微小的空隙出現了……它們是自己出現的，而當他們到來時，那是很美的。在這些細微的間隙裡，你會注意到那個觀照者——這是很自然的發生。然後再一次，念頭會開始出現，而你能夠享受它。放鬆地進行，放輕鬆。

方法二：停！

就是現在，如果你還沒有站起來，請站起來……然後：停！

全然地停下來，不做任何移動，不論有什麼事情發生，就是待在這個當下。覺知你周圍的聲音和影像，還有任何出現在你內在的感覺。只要幾秒鐘就夠了，不需要強迫自己一直保持靜止——這段靜止的時間只要長到足以讓你來到當下就夠了。

很好——這會讓你些微品嚐到奧修這個「停」的練習活動——至於你今天的功課：我們會建議你做這個「停」的練習，在你進入明天的課程之前，至少進行五次。不要計畫，也不要安排特定的時間來做這個練習，每當你記得的時候，比如說當你在洗碗時，在街上行走時，穿上鞋子時，在你進行任何日常活動時——停！

每日一句

夢與現實之間唯一的區別在於：現實允許你懷疑，而夢不允許你懷疑……對我來說，懷疑的能力是人類最大的祝福之一。

——奧修

第八天：快樂需要聰慧

通常我們之所以會對靜心產生興趣，是因為我們在尋找一種平靜，或是一種難以描述的幸福狀態，也就是所謂的快樂。關於快樂這個品質，我們似乎把它的重要性排在壓力、煩惱、匆忙，或甚至是一般「日常瑣事」之後。每個人的內在深處都想要快樂，幸運的是，我們內在的智慧也會持續地尋找快樂，就好像它可以感覺到，快樂是我們與生俱來的權利。

當奧修回答人們關於「為什麼快樂如此困難」的問題時，他談到了「快樂」和「受苦」，並且顛覆了傳統觀念裡這兩個似乎是相反兩極的情緒。如同往常一樣，他從一個出人意料的觀點來看待這個問題。

在他談話之後的靜心是一個非常簡單的方法，它會在你的日常生活裡，支持你與生俱來那份自然的快樂品質。

奧修的洞見

為什麼快樂如此困難？

受苦可以帶給你很多東西，而那是快樂所沒有的。相反地，快樂帶走了你許多東西。實際上，快樂帶走你曾經擁有的一切，你曾經所是的一切；快樂會催毀你。受苦滋養你的自我，而快樂基本上則是一種無我狀態。然後這就是問題，這就是問題的癥結所在。這就是為什麼人們發現自己很難快樂的原因。

如果你能夠了解這一點，那麼事情會變得清楚。受苦讓你顯得特別。而快樂則是一種宇宙性的現象，它沒有什麼特別之處。樹木很快樂，動物很快樂，鳥兒很快樂。除了人以外，這整個存在都是快樂的。透過受苦，人類因此而變得非常特別，與眾不同。

當你生病、沮喪或痛苦時，你的朋友會來探望你，慰問你，安慰你。當你快樂時，那同樣的朋友會嫉妒你。當你真正快樂時，你會發現全世界都在反對你。沒有人喜歡快樂的人，因為快樂的人會傷害到他人的自我。其他人會開始感覺，「你快樂了，我們卻仍然還在黑暗裡，還在痛苦和地獄中爬行。我們是如此悲慘，你怎麼敢這麼快樂！」

看一看你的痛苦，你會發現其中有著一些基本元素。一，它帶給你尊重。人們因此對你更為友好，人們更為同情你。如果你痛苦的話，你會有較多的朋友。這是一個奇怪的世界，從根本上來說，它是有問題的。事情不應該是這樣；快樂的人應該擁有更多的朋友。但是當你快樂時，人們卻開始嫉妒你；他們不再對你友好。他們覺得受騙；你擁有一些他們無法獲得的東西——你為什麼快樂？所以，好幾世紀以來，我們學會到一種微妙的機制：我們壓抑快樂，表達痛苦。

記住這一點，你需要學習如何讓自己快樂，你需要學習尊重快樂的人，你也需要學習多注意那些快樂的人。這是對人類的一種莫大服務。不要太過同情悲慘的人。如果有人感到痛苦，協助他，但不要同情他。不要讓他覺得痛苦是某種有價值的事情。

我們需要學習一種全新的語言，然後這種古老的腐敗人性才會改變。我們需要學習健康、完整與快樂的語言。這會是困難的，因為我們對於痛苦已經做了許多投資。

這就是為什麼人們很難感到快樂，卻很容易感到悲慘。還有一件事：痛苦不需要才智，任何人都辦得到。快樂需要聰慧、天賦和創造力。只有具有創造力的人才能快樂。

讓這一點深入你的內在：只有具有創造力的人才能快樂。快樂是創造力的副產品。所以，就是去創造一些東西，然後你會感到快樂。寫一首詩，唱一首歌，跳一首舞曲，然後注意一下：你開始變得快樂。

快樂需要聰慧。聰慧的人是叛逆的。聰慧是叛逆的；沒有聰慧，就沒有快樂。

只有當人們聰慧時，他才能夠快樂，全然地快樂。

靜心是釋放聰慧的一種方式。你變得越是靜心，你就變得越是聰慧。但是請記住，我所說的聰慧不是智性。智性是愚蠢的一部分。聰慧是一種完全不同的現象，它與頭腦無關。聰慧是來自你內在最深的中心。它從你的內在湧現，透過它，其他部分也會開始滋長。你變得快樂，你變得富有創造力，你變得叛逆，你變得勇於冒險，你開始愛上那種不安的感覺。你開始朝著未知探索。你開始生活在危險中，因為那是唯一一種生活的方式……你決定「我會聰慧地過我這一生」，「我不會是一個模仿者」，「我會根據自己的本質來生活，我不會接受外在的指示和命令」，「為了做我自己，我願意承擔所有的風險，但是我不會成為暴民中的一份子」，「我會走我自己的路」，「我會找到自己的路」，「我會在真實裡走出自己的路」。光只是邁向未知，你已經創造出了那條路。那條路不是現存的路；但是透過你的前進，你創造了它。

聰慧讓你勇於單獨，聰慧讓你具有創造力。那是一種強烈的動力，一種莫大的飢餓感，讓你去創造。唯有如此，你才會感到快樂，你才會是喜樂的。

靜心：內在的微笑

今天的靜心練習協助我們培養連結自己單純、平凡與無自我狀態的能力，這也是奧修所說的「健康、完整與快樂的語言」中的一部分。

每當你有時間，可以坐著一會，沒有特定的工作要處理時，你都可以花幾分鐘的時間來做這個靜心。你可以在地鐵上、在家裡、上班的午餐休息時間，或者在公園看顧孩子玩耍時進行，任何你有空閒的時間都適合。一開始當你還在學習時，你最好閉著眼睛進行。稍後，你可以輕易地張開眼睛進行這個練習——這時候，就算你周圍的人也不會注意到你坐在那裡的時候正在靜心著。

方法

第一階段：每當你沒有特定工作時，坐下來，放鬆下顎。讓你的嘴巴微微地張開。開始透過嘴巴來呼吸，但不是深呼吸。就是讓身體自己呼吸，然後你的呼吸會變得越來越淺。當你感到呼吸變得很淺，嘴巴微張，下巴放鬆時，你的整個身體都會感到放鬆。

第二階段：現在開始感覺到一個微笑出現——它不在你的臉上，而是在你整個人的存在裡——你能辨到的。這個微笑不是出現在你的嘴角；它是一個存在性的微笑，散布在你的內在。

嘗試一下，然後你會知道那是什麼感覺——因為那是難以解釋的。你的嘴角不需要微笑，你的臉上不需要微笑，那個微笑像是從你的腹部開始的；你的腹部在微笑。而且它是一種微笑，不是笑聲，所以它非常非常地柔軟、細膩而脆弱——就像你的腹部上有一個小小的玫瑰花苞開始綻放，而它的芬芳散布全身。

第三階段：一旦你感覺到那個微笑在那裡，你可以保持二十四小時的快樂。每當你覺得自己缺少這種快樂時，只要閉上你的眼睛一會，再次補捉到那個微笑，而它會在那裡的。白天的時候，你可以盡可能多次地感受這個微笑。它總是在那裡的。

每日一句

靜心是一把火焰——它燃燒你的思想，你的欲望，你的記憶；它燃燒掉你的過去與未來。它燃燒掉你的頭腦和自我。它帶走你所認為的自己。它是一個死亡也是一個重生，它是被釘死在十字架上，也是再度復活。你再度誕生。你舊有的認同完全消失了，而你開始擁有一個全新的生命。

——奧修

第九天：整合身體、頭腦和靈魂

奧修透過他革命性的「活躍性靜心」而出名。對我們大多數人來說，生活在一個對時間有著高度要求、經常需要處理各種情況和許多人互動的環境裡，靜靜地坐著是很難的一件事。為了能夠讓自己有一些「品質良好的獨處時光」，我們需要先釋放身體與頭腦中所累積的壓力；否則，當我們試圖安靜地坐下時，那些累積許久的思緒、憂慮和緊張，會大聲喧譁吸引我們的注意力。

令人慶幸的是，奧修說過，跑步、游泳和跳舞都可以成為通往靜心的路徑。如果我們能夠帶著覺知進行這些活動，並全然地投入其中，它們很自然地會整合我們的身體、思緒和意識。而這才是真正的靜心。

在奧修說明了整合身體、思緒和靈性等能量的重要性之後，今天的靜心方法會讓你對靜心有著直接的感受。

奧修的洞見

現代物理學有史以來最重要的發現之一就是：物質就是能量。這是愛因斯坦對人類的最大貢獻。

存在就是能量。科學已經發現被觀察的對象是能量，客體是能量。然而好幾個世紀之前，至少在五千年前，人們就已經發現了另一極——主體，觀察者，意識——是能量。你的身體是能量，你的頭腦是能量，你的靈魂是能量。

如果這三種能量能夠和諧地運作，那麼你會是健康而完整的。如果這些能量無法和諧一致地運作，那麼你會生病，你會變得不健康，你不再是完整的。我們在這裡所做的努力就在於幫助你，讓你的身體、頭腦與意識能夠有著同樣的韻律，且深度和諧地共舞——它們不需要是衝突的，它們可以是彼此合作的。

人們生活在混亂裡：他們的身體訴說著一件事，身體想要朝某個方向前進；他們的頭腦則是完全遺忘了身體——因為好幾個世紀以來，人們告訴你：你不是身體；好幾個世紀以來，人們告訴你：身體是你的敵人，你需要跟它對抗，你需要摧毀它，身體是邪惡的——你從來不曾經驗過身體與自己一起和諧同步地舞蹈著。

因此，我會這麼強調舞蹈和音樂的重要性，因為只有在舞蹈中，你才會感覺到你的身體、你的頭腦還有你同時運作著。而當他們都同時運作時，你所感受到的快樂是無窮盡的。

你需要學習如何演奏這三種能量，以便它們能夠成為一個樂團。

這種事情經常發生在跑步的人身上……你從來不曾把跑步視為靜心，但跑步的人有時會感受到一種無比的靜心經驗。他們為此感到訝異，因為他們不曾期待過，但是它發生了。現在，跑步越來越成為一種新的靜心方式。靜心可以在跑步中發生。如果你曾經是個跑者，如果你享受在空氣新鮮的清晨中跑步，那時候，整個世界才剛從睡眠中甦醒，而你在跑步著，你的身體美好地運作著，空氣是那麼地新鮮，新的世界再一次從漆黑的夜晚裡誕生，所有周圍的一切都在歌唱著，你感覺自己充滿了活力……然後，在某一個片刻裡，那個跑步的人消失了，只剩下奔跑還存在。身體、頭腦和靈魂開始一起運作著；突然間，一種內在的性高潮出現了。

我自己的觀察是，跑步的人比其他人更容易進入靜心。慢跑可以有著莫大的協助，游泳可以有著莫大的協助。所有這些活動都需要轉變成靜心。

放掉古老的靜心觀念，就是那種用瑜伽姿勢靜坐在樹下才是靜心的概念。那只是靜心的方法之一，它可能適合某些人，但不適合所有人。對於一個幼小的孩子來說，那不是靜心，而是一種折磨。對於一個充滿活力，朝氣蓬勃的年輕人來說，那是一種壓抑，不是靜心。對於一個充分經驗過生命而能量正在衰退的老人來說，那或許是一種靜心。

人各有不同，人們有許多不同的類型。

跑步可以是一種靜心——慢跑、舞蹈、游泳，任何事情都可以是靜心。我對靜心的定義是：每當你的身體、頭腦和靈魂能夠在同一個韻律裡一起運作時，那就是靜心。另外，如果你能夠覺知到自己正在靜心裡——不是在奧運會裡，而是在靜心裡——這時候，它有著無比的美。

我的努力是讓每一個人都可以容易地靜心；任何想要靜心的人，都能夠根據自己的類型來靜心。如果他需要休息，那麼休息就是他的靜心。這時候「靜靜地坐著，什麼都不做，春天來臨了，草本自然生長」，這會是他的靜心。我們需要盡可能找到多一點靜心方式，就跟世界上的人口一樣地多。而且靜心的方式不應該太僵化，因為沒有人是相同的。靜心需要有著相當的彈性，以便它可以配合每一個個體。在過去，靜心的做法是每一個個體必須去配合靜心。

我帶來一場革命。個體不需要配合靜心的方法，而是靜心方法需要配合每一個個體。我對個體有著絕對的尊重。

但是，有一個最基本的原則，不論什麼樣的靜心，它都需要滿足這個條件：讓身體、頭腦和意識，這三者能夠一體運作著。

靜心：想像自己在跑步

如果跑步、游泳或騎自行車已經是你生活裡的一部分，是你定期會用來「讓頭腦清晰」並且為自己這個電池充電的方式，那麼你或許會認同奧修剛才所說的話。你已經掌握了一把鑰匙——現在，你的工作是更有意識與覺知地運用它。

即使你的健身方法是去健身房在跑步機上鍛鍊……花一點時間，看看你是如何進行它的，考慮一下，把它變成是一個靜心。關掉跑步機上的電視屏幕，把書留在更衣室的背包裡。如果你聽音樂的話，播放一些能量性的音樂，能夠支持你身體活動的音樂，而不是那種會引發頭腦和情緒的音樂。如果你的健身房原本就會播放音樂，迫使每個人傾聽的話，你可以帶上耳塞。你可以做任何事情，支持你把全部的注意力和能量都放在身體活動上，這會有助於你來到奧修所說的狀態裡。

現在，這個特別的方法可能會讓你非常驚訝：

方法

如果出於某些原因你沒有辦法跑步，那可能是你沒有空間或是時間，也或許是跑步讓你感覺不適，天氣不好或是你受傷了，這時候，嘗試看看這個方法：

躺在床上，想像自己在跑步。想像整個跑步的景象——樹木與風輕撫著你的臉，陽光、海灘和鹹鹹的空氣……所有一切，盡可能地把它視覺化，並且讓它盡可能地多彩多姿。

或許你回憶起過去某一個美好的清晨——你在沙灘上、樹林中奔跑著——想像自己奔跑、奔跑、奔跑著……很快地，你會發現自己的呼吸正在改變……而你持續著……你可以這樣持續數跑上好幾英里……

然後你會很驚訝地發現，即使你是在床上，你可能突然間經驗到靜心的片刻，那份寧靜，內在的平靜就在那裡。

然後……大概十五、二十分鐘之後……

結束你的跑步，保持靜止。做一個深呼吸，休息一會——就是觀照自己的內在與外在。

每日一句

學習慶祝自己——不為任何理由。光只是存在就已經足夠了，遠遠的足夠了。身為這個整體中的一份子，就已經是如此偉大的一個蛻變，你無法抗拒它，你只能舞蹈，你只能歌唱，你只能表達你的喜悅和歡欣。

——奧修

第十天：慢下來

科技的目的在於讓生活更便利，但是對於我們許多人而言，現代的生活要遠比以往任何時代都更加忙碌：我們從早到晚全天候地待命，不停地察看簡訊、電子郵件、部落格、社交媒體上的貼文和新聞。

與佛陀時代的人相比，或甚至與一百年前的人相比，我們的生活是一個不斷轉動的輪子，隨時充滿了各種感官刺激。我們一直在奔波著。

今天的靜心課程在於重新學習「慢下來」的藝術。

奧修指出靜心能夠協助我們慢下來，同時他也檢視了我們曾經接受過的教育，像是設定目標的重要性，保持忙碌的重要性。還有我們害怕被認為是「懶惰」或缺乏野心的心情。最終，如果我們能夠開始看到這些被我們內化的態度以及它們的本質，我們就會了解，全然的活在每一個當下才是我們應該做的事情。

今天的靜心主題是「讓喜悅的氣氛環繞著自己」，這是一個實驗，用來創造出自己的空間，一個喜悅的中心，讓我們即使是身處於外在世界的風暴中仍然能夠保持著放鬆。

奧修的洞見

如何讓自己慢下來？

生命並不是為了要到達任何地方；生命沒有目標，沒有目的。生命是無目的的，它就只是存在著。除非這份了解深入你的心，否則你沒有辦法慢下來。

慢下來不是一種我該「如何」的問題；它跟技術、方法都無關。

我們把所有一切都簡化為一種「該如何做」的方法。世界各地都有著許多的「該怎麼」主義，每個人，特別是現代人，都已經成為一個「該怎麼的人」：我該如何做到這一點，我該如何做到那一點，我該如何致富，我該如何獲得成功，我該如何影響人們並且贏得友誼，我該如何靜心，甚至是我該如何去愛。或許有一天，某些愚蠢的傢伙會問：我該如何呼吸。

該怎麼做根本不是問題。不要把生命浪費在技術上。當生命淪為技術時，它也就失去了所有喜悅的滋味。

我曾經看過一本書；它的名字很荒謬。它的書名是《你必須放鬆》。你越是試著要放鬆，你會發現自己比以往任何時候都更為緊張。你越是努力，你感到的緊張也會越多。

放鬆不是一種結果，不是某種活動結束後的結果；它是了解之後所出現的光輝。

活在當下，只為了生命中那純粹的喜悅。這麼一來，每一個片刻都會有著性高潮的品質。是的，那是一種性高潮。你在這裡享受生活最飽滿的充實。而唯一讓自己生活、愛以及享受的方式就是忘記未來。它並不存在。

生活是一趟朝聖之旅，但是它不通往任何地方：它從無處到無處（nowhere to nowhere）。而在這兩者之間有的則是此時此地（now-here）。無處（nowhere）由兩個名詞所組成：現在（now）以及這裡（here）。在這兩個無處之間則是此時此地。

所以，問題不在於透過某種特定的技術來慢下來，因為如果你面對生命的基本態度——目標取向——不變的話，你或許試著讓自己慢下來，也或許你甚至成功地讓自己慢下來，但是現在你開始了生命裡的另一種壓力。你必須時刻保持警惕，好讓自己保持是緩慢的；你必須持續不斷地繃緊自己，以便自己是保持緩慢的。

你怎麼能夠放慢腳步呢？如果你放慢腳步，那你會失敗。如果你放慢腳步，你會永遠無法成功。如果你放慢速度，你會迷失！如果你放慢速度，你會是無名小卒，你無法在這個世界上留下你的痕跡。如果你放慢腳步，你會是誰呢？所有其他人並沒有放慢腳步。

你幾乎就像在奧林匹克運動會裡競賽一樣，你問我：「如何慢下來？」如果你放慢腳步，那你就等於中途退出了！你再也不在這個奧林匹克競賽裡了。然而，你這一生已經被轉變成奧林匹克競賽。每個人都在競賽裡，每個人都必須在競賽裡表現自己的最佳狀態，因為這是生死攸關的問題。你有數百萬的敵人……我們所生活的這個世界，所有人都是你的敵人，因為不論你與誰競爭，他們都是你的敵人。

靜心不是一種能夠在任意土壤中生長的事情。它需要一些基本的了解；它需要的是徹底的改變。它需要新的土壤才能生長；它需要一種全新的型態。

一個靜心的人會自然且毫不費力地慢下來。他不需要練習。經過練習的事情永遠都不是真的；它是人為的、刻意的。盡量不要練習——它們頂多只會是表演，那不是真的。而只有真實才會帶來解脫。

這是唯一存在的片刻，這是唯一存在的現實，而這個唯一存在的現實從過去就一直存在著，而它也會繼續存在下去。

改變你的根本哲學，現在你的哲學是一個成就者的哲學。放鬆進入自己的存在裡。不需要懷抱任何理想，不要試圖在自己身上創造出什麼。你現在已經是完美的。透過你所有的缺陷，你是完美的。如果你不完美，那麼你的這份不完美是完美的——完美已經在那裡了。

靜心：讓喜悅的氣氛環繞著你

如果這個方法適合你，那麼連續三週的時間，每晚都進行幾分鐘，讓自己白天的時候也可以放鬆地帶著它。一段時間之後，你可以放掉晚間的活動，慢慢地，這個方法會逐漸融入你的生活，整合成為你生活中的一部分。

方法

第一周：躺下或是坐在床上，關掉電燈，待在黑暗裡。開始回憶你過去所經歷的任何美好時光——就是選擇你最喜歡的片刻。它可能很平凡，因為有時候非凡的事件會發生在非常平凡的情境裡：靜靜地坐著不動，不做任何事情，小雨落在屋頂上……那個氣味、那個聲音……你被圍繞著——有些什麼突然連上了：你正身處在一個神聖的片刻裡。或是，某天沿著馬路散步著，突然間陽光從樹梢灑落在你身上……然後，突然間：某些事情敞開了；在那一瞬間，你被帶到另外一個世界。

閉上眼睛，重溫那一個片刻。深入其中的細節——那時的聲音……氣味……那個片刻的質地……鳥兒在唱歌著，狗在叫著……風吹拂著……透過各種不同的向度深入這所有的經驗裡；這個多重向度、不同的感官感受裡。一旦你選擇了那美好的時光後，連續七個晚上進行這個靜心。

你會發現，每天晚上，你都越來越深入細節裡——有些東西甚至可能是你當時錯過的，但你的頭腦記錄了下來。你可能會留意到自己當時都不曾經驗到的細微差異。你現在明瞭到原來它們都在那裡，只是當時你錯過了它們。頭腦會記錄下所有一切；它是一個非常可靠的僕人，有著無比的能力。

到第七天的時候，你能夠清晰看到自己那個美好的時光，你會覺得自己從來不曾如此清晰過。

第二週：跟之前一樣地持續著，但是現在多加上一件事情：感受那個片刻時你周圍的空間……從四面八方感受著當時圍繞在你周圍的氣氛——至少你三英尺內的範圍。感覺當時圍繞在你周圍的氛圍。到第十四天的時候，你或許會來到一個完全不同的世界；但同時仍然意識到，在那三英尺以外，有著一個不同的時間和向度存在著。

第三週：再增加一件事情：活出那個片刻，讓自己被它所包圍，現在，創造一個想像出來的相反空間。比如說，你感覺非常好；那麼在三英尺的範圍內，讓自己被那種美好、喜悅的空間所包圍。然後現在，想一想下面所提到的某個類似情境。

某個人侮辱了你——但他的侮辱只能來到你所在空間的外圍。那裡有著一道防護罩，對方的侮辱無法進入。它像箭一樣地到來……然後墜落在那裡。或是回憶起某些悲傷的時刻，你覺得受傷，但是那個受傷的感覺只會來到你周圍的玻璃牆上，然後墜落下來。它永遠無法碰觸到你。

如果前兩週都進展順利的話，那麼到了第三週的時候，你會看到一切都停在了三英尺外的邊緣，沒有任何東西可以穿透你。

第四週以及第四週之後：現在，繼續保持你的這個氛圍；然後到市場裡，與人們交談，但是你仍然不斷地記住這個氛圍。這時候你會覺得興奮；你在這個世界裡行走著，但卻擁有著自己的世界，一個持續不斷的私人世界，它讓你能夠活在當下——從容、安靜且待在自己的中心裡。

帶著這個氛圍幾天，幾個月。當你發現自己不再需要它的時候，你可以放掉它。一旦你知道如何待在當下，一旦你享受過它所具有的美，它所具有的喜樂，你就可以放掉這個氛圍。

每日一句

女人可以等待，她們可以無止盡地等待，她們的耐心是無限的。事情也只會是如此，因為孩子的孕育需要九個月的時間。你就是看看一個母親，一個即將成為母親的女人：她變得較為美麗，她擁有一種不同的優雅，有一種氛圍圍繞著她。現在，她綻放著，很快地，她會開花結果。

——奧修

第十一天：每個人都有創造力

今天的課程挑戰了我們在創造力上自我設限的觀念。在我們所生活的文化裡，往往假設一個具有創造力的人必然擁有某種特殊才能、獨特的天賦，或是掌握了某種技巧。然而奧修反對這種觀念，他堅持創造力是生命裡最優先也是最重要的向度，它是一種竅門，讓我們能夠享受當下所做的事情，不論那是煮一餐飯，清理地板，清洗碗盤，還是安靜地與友人聊天。

今天的靜心被稱為「從亂語到寧靜」。它有趣，好玩，充滿活力——你可以把它視為一種方法，為你的生活藝術增添空白的畫布，它同時也可以清空你關於創造力的想法，它們都是由他人所灌輸的。

奧修的洞見

創造力與繪畫、詩歌、舞蹈、唱歌等活動無關。它與任何特定的活動都無關。

任何事情都可以是有創造力的——是你把這種品質帶入活動裡。活動本身不具有創造性也不是非創造性的。你可以用一種非創造性的方式繪畫；你可以用一種非創造性的方式歌唱。你可以用一種具有創造性的方式清潔地板；你可以富有創造性地煮一餐飯。創造力是你投入在當下活動裡的一種品質。它是一種態度，一種內在的取向——你是如何看待事物的。

因此，你要記住的第一件事情是：不要把創造力限制在任何特定的活動裡。人是具有創造力的，而且當他具有創造力時，不論他做什麼，即使他只是在行走，你也可以從他的行走中看到創意。即使他安靜地坐著，無所作為，而這份無為也是一種創造性的行為。坐在菩提樹下無所事事的佛陀，是這個世界上已知最偉大的創造者。

一旦你了解了這一點——有創造力或是缺乏創造力的是你，是你這個人——那麼這個問題就消失了。

並不是每個人都可以成為畫家，同時這也是毫無必要的。如果每個人都是畫家，這個世界會變得非常醜陋；你會有困難生活在其中！不是每個人都可以成為舞者，而且這也是毫無必要的。不過，每個人都可以是具有創造性的。

不論你做些什麼，如果你喜悅地進行它，如果你帶著愛意地進行它，如果你的作為不是純粹為了經濟，那麼它就是有創造力的。如果你內在有些什麼能夠透過它而成長，如果它為你帶來成長，那麼它就是具有靈性的，它是具有創造力的，它是神聖的。

熱愛你所做的事情。在你進行的時候，帶著覺知去進行，不論那是什麼，你從事的是什麼活動並不重要。創造的意思是熱愛你所做的一切——享受，慶祝它是來自於存在的禮物。或許根本沒有人注意到它，所以如果你尋求的是名聲，然後因此認為自己是有創意的——如果你認為當自己像畢卡索一樣有名時，你就是有創造力的——這時候，你會錯過。這時候，事實上你根本就沒有創造力；你是一個政客，一個富有野心的政客。如果名聲出現了，那很好。如果名聲沒有出現，那也很好。

它不應該是你關注的事情。你需要關注的是：你享受自己當下所做的任何事情。那是你鍾愛的事情。

如果你熱愛自己的行動，那麼它就是有創造力的。經由愛與喜悅的觸碰，細微的小事也會變得偉大。

有人說：「我認為自己沒有創造力。」每個人都被這樣教導過。只有少數的人被認為是有創造力的：少數幾個畫家，幾個詩人，萬分之一的機率。而這是非常愚蠢的，每個人生來都是創造者。看一看孩子，你會發現：每一個孩子都是富有創造力的。慢慢地，是我們破壞了他們的創造力。慢慢地，是我們把錯誤的信念加諸在他們身上。慢慢地，是我們讓他們走岔了。慢慢地，是我們讓他們變得越來越重視金錢、政治和野心。

當野心進入時，創造力就消失了——因為一個具有野心的人沒有辦法有創意，一個具有野心的人無法純粹地喜愛任何活動。是我們摧毀了創造力。沒有人生來就缺乏創造力，但是我們讓百分之九十九的人都失去了創造力。

但是，把責任推給社會是無濟於事的。你需要把生命掌握在自己的手中。你需要放棄錯誤的制約。你需要放棄童年時那些加諸在你身上的錯誤以及催眠式的自我暗示。

一個具有創造力的人來到這個世界，他會添增這個世界的美——這裡一首歌，那裡一幅畫。他讓這個世界舞蹈地更美，更為享受，更加有愛，更能夠靜心。當他離開這個世界時，他在身後留下了一個更好的世界。或許沒有人知道他，也或許有人知道他；那都不是重點。而是他為這個世界留下了一個更美好的世界，他會感覺到一種無比的滿足，因為他的生命擁有一些根本性的價值。

如果你可以全心地微笑，握著某人的手而微笑，那麼這就是具有創造性的行動，一個具有創意的偉大行動。光只是把某人攬入你的懷裡擁抱著，你就在創造了。光只是用關愛的眼神看著某人；光只是一個帶著愛的神情就可以改變一個人的整個世界。

你並不是偶然出現在這裡的，你在這裡是有意義的。你的存在是有目的的。這個整體試圖透過你來完成某些事情。

靜心：從亂語到寧靜

今天的靜心是一種能夠讓頭腦變得較為純淨和新鮮的方式；這是諸多清潔與活化頭腦的方法中，最簡單也最科學的方法之一。

奧修說：「想像你現在可以說出所有過去因為文明、教育、文化和社會而無法說出來的話語。用你曾經聽過但不了解的任何一種語言來表達！比如說，如果你聽過中文，但是你不懂中文，那麼就用中文來表達！你可以大叫、笑、哭、發出噪音、做各種手勢。就是允許任何來到你頭腦中的事情，不需要擔心它是否合理，是否合乎邏輯，是否有意義，是否重要，就像是鳥兒會做的一樣。說出任何你頭腦裡經過的事情，各式各樣的垃圾——把它們傾倒出來。全然且熱切地進行。」

方法

你可以選擇任何你可以有隱私的時間和地點來進行這個靜心，每個階段持續五分鐘。如果笑和哭對你來說有困難，那麼你可以嘗試第一個和最後一個階段。一段時間之後，第二和第三階段可能會自然且容易地出現。

第一階段：亂語。發出沒有意義的聲音，用你不了解的語言來表達。比較好的是使用人類語言的結構和聲音——而不僅僅是發出咕嚕、咆哮或動物的聲音，它們的效果是不一樣的。換句話說，你可以全然自由地大喊、尖叫和表達自己的感受。

第二階段：笑。全然地笑，不需要任何理由。

第三階段：哭以及流淚，不需要任何理由，不論你想怎麼哭。

最後階段：躺下——保持靜止與寧靜，就好像你已經死了一樣，只有你的呼吸仍然來了又走了。

每日一句

一個有創造力的行動會增添這個世界所具有的美。它為這個世界增添了些什麼，而不是帶走些什麼。

——奧修

第十二天：直覺——來自內在的教誨

直覺來自於智力、邏輯頭腦以及更為寬廣的靈性領域之間。邏輯是頭腦了解現實的方式；直覺則是心靈經驗到現實的方式。奧修對這些問題的談話有著不可思議的清晰，有時極為有趣且引人入勝。每個人都擁有「直覺」這項能力，但是常常我們的社會制約和正規教育會反對直覺。人們被教導著忽略自己的直覺、「內在的感受」和預感，而不是去了解並且運用它們來支持自己的成長和發展。在這個過程裡，原本可以開花綻放成為直覺的智慧根源被破壞了。在這裡，奧修談論了什麼是直覺，並指出如何區分真正的直覺以及「一廂情願的想法」這兩者間的差異，後者通常會帶來錯誤的選擇和不良的後果。

接下來的靜心協助我們去探索觀照的空間，而這也是真正直覺的起源之處。

奧修的洞見

有一種叫做「直覺」的現象是我們幾乎沒有意識到的。我們不知道有直覺這種事情。

直覺和理性是全然不同的一種現象。理性是辯論性的；理性透過某些過程而獲得結論。直覺是跳躍性的——它是一種巨大的飛躍。它不需要過程，它就是直接來到結論，不經過任何過程。

曾經有許多數學家可以不經由數學程式就解決數學上的問題。他們的運作是直覺性的。

數學家們一直對這種怪異現象感到困惑。這些人——他們是如何辦到的呢？如果一個數學家要解決一個問題，他可能會需要三個小時、兩個小時或一個小時的時間。即使透過電腦，也至少要花上幾分鐘的時間來進行，但是這些人只需要非常短暫的時間。你說出問題，然後他馬上……

所以，在數學的領域裡，直覺已經成為公認的事實。當理性失敗時，只有直覺能夠發揮作用。而所有偉大的科學家都意識到這一點：他們所有的偉大發現不是出於理性而是來自於直覺。

居里夫人曾經花了三年的時間在某一個問題上，她試圖從各個方向來解決這個問題。每個方向都失敗了。有一天晚上，她在極度筋疲力竭之後上床睡覺了，她決定……這個情況幾乎跟佛陀是一樣的。那天晚上，她決定：「現在，已經夠了。我已經耗費了三年的時間。看起來這是徒勞無益的。我需要放棄了。」那天晚上，她放掉了那個問題，上床去睡覺。

半夜，她從睡夢中醒來，來到桌旁寫下答案。然後她回去床上，再度睡著了。隔天早上，她甚至不記得發生過什麼事情，但是答案就在桌子上。而房間裡沒有其他人，就算有其他人，他們也不可能回答這個問題。她已經在這個問題上花了三年的時間——而她是當代最偉大的科學家之一。沒有任何人在那裡，但是答案在那裡。然後她更仔細的看了一會：那是她自己的筆跡！這時候，她的夢突然浮現出來。她想起來了，她前一晚似乎做過一個夢，夢裡她正坐在桌旁寫些什麼。然後慢慢地，一切都變得清楚了。她透過另外一個非邏輯的方式得到了答案。這就是直覺。

但是理性需要先變得筋疲力竭。直覺只能夠在理性筋疲力竭時發揮作用。直覺沒有過程；它就是從問題直接跳到結論。這是一種捷徑，一瞬間的靈光。

我們已經催毀了直覺。男人的直覺幾乎已經被破壞殆盡了。女人的直覺沒有受到那麼多的摧殘——這就是為什麼女人有一種所謂的「預感」。然而預感只是直覺中的一小部分。現在，那個有預感的女人無法說出她是怎麼知道的。這是不可能的，因為它只是一個預感，只是一種內在的感覺。但是這也受到了破壞，這就是為什麼它只是一種瞬間的靈光。只有當你放掉固定的想法——你一直被教導，理性思維是獲得結論的唯一途徑——當你放掉這種僵化的方式，這種理性的僵化模式時，直覺才開始能夠綻放。這時候，它不只是一瞬間的靈光乍現，而是一個持續可用的資源。你可以閉上眼睛，深入它，你可以一直從中找到正確的方向。

這就是費歇爾-霍夫曼一派——他們是一種高度結構化、短期密集心理治療的支持者——所認為的指引。如果能夠真正深入這個過程……那其實很困難，因為你需要穿越五個層面。而我不認為有多少人能夠做到這一點，即使是那些接受過費歐爾－霍夫曼治療的人。但是他們這個想法是正確的——如果那五個層面被破解了，那麼你的內在會出現一種可以被稱為指引的東西。你可以隨時連結你直覺性的能量，找到正確的建議。在東方，這就是人們所謂內在的上師，也就是內在的大師。一旦你的直覺開始發揮作用時，你再也不需向任何外在的上師尋求建議。

直覺需要的是一個人能夠與自己和諧共處，與自己處在全然的協調裡。在這份和諧之中，解答會突然間無來由地出現。

靜心：找到觀照者

奧修在《奧祕之書》裡說：「這個方法是非常深入的一種方法……試著理解這一點：在兩眉之間的注意力……現代生理學以及科學研究都發現兩眉之間有著一個腺體，它是人體中最神祕的部分。這個腺體被稱為松果體，也是西藏所謂的第三眼——濕婆神（Shivanetra），濕婆之眼，譚崔之眼。在人的兩眼之間，存在著一個無法運作的第三眼。它在那裡，它隨時都可以發揮作用，但是在自然的狀況下，它不會發揮作用。你需要透過一些方式來開啟它。它不是盲目的，它只是封閉起來。這個方法就在於打開這個第三眼。」

方法

閉上眼睛，讓你兩隻眼睛的注意力都聚焦在兩眉之間。就好像你用雙眼看著那裡一樣。把你所有的注意力都放在那裡。

這是你集中注意力最簡單的方法之一。你沒有辦法如此輕鬆地把注意力放在身體上其他任何一個部位。這個腺體會吸收注意力；如果你把注意力帶到第三眼，你的眼睛會為它所催眠。它們會固定在那裡；它們無法動彈。如果你試著把注意力帶到身體其他的部位，那會是困難的。這個第三眼會吸收注意力，奪取注意力。它像是注意力的磁鐵一樣。因此，全世界的靈性傳統都會運用這一點。這是訓練專注最簡單的方法，因為當你努力保持專注時，這個腺體本身也在協助你；它是有磁性的。

注意你的第三眼，然後突然間，你會成為一個觀照者。通過這個第三眼，你能夠看到思緒在你的腦海中經過，就像是天空中飄過的雲朵或是街道上移動的人們一樣。

你坐在窗前，看著天空或是街道上的人們；你不認同於它們。你是疏離的，你是山丘上的觀照者——你和它們是不同的。如果有憤怒的感覺在那裡，你可以把它當成一個觀照的對象。現在，你不會感覺自己在生氣。你會覺得自己被憤怒所包圍——周圍有一團憤怒包圍著——但是你不是那個憤怒的情緒。而如果你不是那個憤怒，那麼，憤怒會變得無能為力，它無法影響到你；你不會受到它的影響。憤怒會來也會走，而你會持續待在自己的中心裡。

你不論從這兩端的哪一方開始都可以：成為一個觀照者，然後你會在第三眼這裡歸於中心……嘗試成為一個觀照者。不論發生什麼事情，都試著成為它的觀照者。如果你生病了，身體會疼痛、難過，你覺得悲慘、痛苦，不論情況如何：成為它的觀照者。不論發生什麼事情，都不要讓自己與之認同。成為一個觀照者——一個觀察的人。如果你可以保持觀照的話，你的注意力會來到第三眼。反之亦然：如果你把注意力帶到第三眼上，你會成為一個觀照者。這兩者是同一件事情。

每日一句

一旦你開始過著真實、真誠的生活，帶著你原初的臉孔來生活，所有的困擾會逐漸地消失，因為你內在的衝突會消失，而你不再是分裂的。這時候，你的聲音裡會有一種和諧，你的整個存在會成為一個交響樂團。

——奧修

第十三天：靜心與制約

在今天的課程裡，我們探討的是「制約」，它在我們生活中所扮演的角色，以及我們所認定的自己。奧修經常談到「放掉過去」的重要性，這時候，他指的並不是放掉曾經發生過的歷史事實。而是指過去在我們的意識上所留下的印痕——那些被輸入的程式。你可以說，我們每個人都被輸入過這些程式。它幾乎從我們出生的那一刻就開始了。它來自我們的父母、朋友、老師……還有我們所在的這個社會。我們概念裡的好與壞、適當與不適當、對與錯、重要與不重要……所有這些都是我們制約裡的一部分。

在隨後的談話中，奧修挑戰我們，要我們開始覺知到這些制約。了解它，看到它如何影響我們的行為，看到我們如何回應生活裡的人事物。最終，讓自己能夠不再受到制約的影響——不再是奧修所說的「人形生物」，受到過去程式的驅使——而能夠開始一趟探索的旅程，發掘自己與生俱來的天真與寧靜，也就是禪宗所說的「初始的臉孔」。

奧修的洞見

生命中最困難的一件事就是放掉過去，因為放掉過去意味著放掉自己的整個認同，放掉自己的整個個性。也就是放掉自己。到目前為止，你其實什麼都不是，不過只是你的過去、你的制約罷了。而這些制約已經深入你的內在，因為你從一開始就受到制約了；從你出生的那一刻起，制約就已經開始了。當你開始有所警覺，稍有覺知時，它已經進入你存在最深的核心。除非你能夠穿透自己來到那個不曾受到制約的最深核心，來到制約開始發生之前，除非你能夠變得寧靜與天真，否則你永遠都無法知道你是誰。

靜心意味著穿透到達那個核心，你最內在最深的核心。禪宗把它稱為初始的臉孔。

首先，你需要了解制約。因為這些制約，你失去了一些極為根本、自然且自發性的部分。你不再是一個人，你只是看起來像一個人。你已經成為一個人形生物。

人形生物是一個無法認識自己的人，他不知道自己是誰，他對自己一無所知。

所有他對自己的想法都是外借而來的；是其他人形生物所加諸在他身上的。人形生物沒有自己的意圖；他沒有自我意志。他是一個從屬現象；他失去了自己的自由。基本上，這就是他的心理疾病。

現今，所有人類都有心理疾病。那些你看來正常的人根本就不正常。這整個地球已經變成了一個巨大的瘋人院。但是因為整個地球就是一個瘋人院，所以你很難發現這一點。因為不論到哪裡，你看到的人都跟你一樣，所以你認為自己是正常的，他們也是正常的。

正常人在這個世界上是極為罕見的——這個世界並不允許這種正常人存在。

人形生物是一個沒有個人意志的人，他一直在尋找權威，他永遠需要有人來告訴他該怎麼辦。

你生來是可以看到真實的，你是有能力的。每個孩子都能夠根據自己的意願與存在有所交流，但是我們阻礙了他。父母不允許孩子有自己的意願，然後是老師，老師由父母和社會所僱用，他們支持過去。整個教育體系都在支持過去，它不支持你——記住這一點。從幼稚園到大學，所有的老師和教授都在服務過去；他們都在維護過去。他們並不支持你，他們在那裡不是為了協助你；他們在那裡是為了制約你。

然後還有教士和政客……他們都在試圖制約你。沒有人希望你成為一個自由的人，每個人都希望你成為一個奴隸，因為你越是一個奴隸，你也就越容易被剝削。如果你跟隨那些領導人、教士和教育者，那麼他們會承諾你各種胡蘿蔔；不論是這裡還是未來，他們都承諾你會得到各式各樣的獎勵——然後現在，你這個人會一直需要一個暴君，你會成為一個尋求暴君的人形生物。

但是這些不應該強加在你身上。你需要有足夠的勇氣來放掉這些制約。你需要莫大的勇氣。

一旦你開始放下制約，你會開始覺知到自己的翅膀。而這些翅膀能夠引領你來到最終的現實：從單獨飛向單獨。但是，只有當你變得天真、無制約，不再認同過去時，它才會發生。

那會是你這輩子第一次自由的行動。然而這第一步就已經完成了這整個旅程中的一半，至於另一半會是容易的，它會自己發生。

靜心：排除不必要的東西

每當你感覺頭腦騷動不安——緊張、擔心、喋喋不休、焦慮、做夢——就是做一件事情：你先深深的吐氣。你總是從吐氣開始。深深地吐氣；盡你所能的吐氣，把空氣排出去。當你這樣做的時候，情緒也會跟著被排出去，因為呼吸就是一切。

盡可能地吐氣。收縮你的腹部並且停在這裡幾秒鐘；不要吸氣。讓空氣排出去，暫時幾秒鐘不要吸氣。然後讓身體吸氣進來。深深地吸氣——盡你可能的吸氣進來。然後再一次，停在這裡幾秒鐘。這個暫停的時間應該與你吐氣時暫停的時間是一樣的——如果你之前吐氣後暫停三秒鐘，現在吸氣後也暫停三秒鐘。排出空氣，暫停三秒鐘；吸氣進來，暫停三秒鐘。但是當你吐氣時，你需要是全然地排空。全然地吐氣然後再全然地吸氣，讓它形成一種韻律。暫停，然後吸氣；暫停，然後吐氣。暫停，吸氣；暫停，吐氣。很快地，你會感覺到自己整個人都在改變。那些心情消失了；一種新的氣氛來到你身上。

每日一句

社會沒有辦法容忍個體，因為個體不會像羊一樣地跟隨。羊總是在群體中，因為這樣牠才會覺得受到保護，覺得安全。只有獅子會單獨行動，而你們每個人生來都是獅子，但是社會不斷地制約你，把程式灌輸在你的頭腦裡，讓你變成一頭羊。

——奧修

第十四天：如何停止批判人們

今天奧修的演講協助我們了解，最重要的一件事情是看到我們為什麼會批判他人，還有我們是如何批判他人的。

現在，如果你不做任何思考，就像是鏡子一樣的面對某些事物，那是觀照——一種不帶批判、被動性的覺知，因為批判只會經由過往經驗與過往評估而存在。它來自於一個人的信念、意識形態和概念。

只有當過去被帶來到當下時，思考才會是可能的。那是一種活躍的狀態，你是有所作為的。

我們需要記得，觀照是一份被動性的覺知，它不是評判。你不評判「這是好的，這是壞的」，因為當你做出評判的那一刻，你就不再是個觀照者。如果你說「這是好事」或「這是壞事」，那麼你已經脫離了觀照，你變成了一個法官。

我們也需要記住，不僅文字是一種評判，語言本身也充滿了評判，它永遠無法是公正的。當我們運用文字時，我們已經做出了評判，同時也為開放性的頭腦創造出了障礙。

在今天的靜心中，我們會探索如何透過簡單的呼吸方法讓批判消失！

奧修的洞見

如何放掉批判？

你不需要停止或放掉對人們的批判；你需要了解的是為什麼你會批判，以及你是如何進行批判的。

你能夠批判的只有行為，因為你能夠看到的只有行為。你沒有辦法批判這個人，因為這個人隱藏在後面，他是一個謎。你能夠批判一個人的行為，但是你無法批判一個人的存在。

行為是無關緊要的。而透過行為來批判一個人是不對的，有時你碰巧看到一個男人在微笑，那是他表面上的行為，但是內在深處他可能覺得悲傷。實際上，他可能因為悲傷而微笑著。他不想向人們顯露他的悲傷，因為為什麼要向人們顯示自己的傷口呢？為什麼呢？那是令人尷尬的。所以他的微笑可能是因為內在深處他正在哭泣著。

因此，你首先要了解的第一件事情是，你能夠看到的只是人們的行為，而行為並沒有多少意義。真正重要的是行為背後的人。而你不了解這個人，你的批判只會是錯的。而且你自己也知道這一點——因為當人們根據你的行為來批判你的時候，你也經常覺得他們對你的批判是錯誤的。你不會根據自己的行為來評判自己，而是根據自己的存在來評判。所以，每個人都覺得所有的批判是不公平的。你認為批判不公平，因為對你來說，你看到的是自己的存在——而且這份存在是如此顯著，以至於行為是如此的微小。行為它無法定義任何事物，它只是暫時性的。

你對某個人說了幾句話，然後他覺得生氣——但是，不要透過他的生氣來批判他，因為那很可能只是暫時性的閃現。他可能是個很有愛心的人；如果你透過他的憤怒來批判他，那你的批判是錯誤的。這時候，你會根據你的批判而行動，你會一直在那裡等著他發脾氣，你會一直認為他是一個易怒的人。你會避開這個人，這時候你也錯過了一個機會！永遠不要根據人們的行動來評判對方——但是，行為又是你唯一可以看到的部分。所以該怎麼辦呢？「你不批判。」

慢慢地，讓自己越來越意識到存在的私密性。每一個靈魂內部的存在是如此地私密，沒有人能夠穿透。即使你愛一個人，但是他內在最深處的核心仍然是私密的。那是人所具有的尊嚴。這就是為什麼我們說人是有靈魂的，靈魂意味著那個永不公開的部分。它有些部分會永遠都是深沉的，深藏在某些奧祕裡。

就外在而言，這是我們能夠評判的。但是根據外在而做出評判，它永遠都是錯誤的。

一次又一次地看到這一點，一次又一次地了解這一點，一次又一次地深入其中，然後你不需要放掉批判；它們會自行掉落。

只要觀照。每當你批判時，你的批判是愚蠢的。你的評判跟對方這個人並不吻合，你的批判只適用於他的行為。然而，只評判對方的行為是一種斷章取義，因為你根本不了解這個人的一生。這就像是你從一本小說裡撕下其中一頁，你閱讀了這一頁，然後根據這一頁來評判這本小說一樣。這是不對的；這是斷章取義。這本小說很可能是完全不同的一回事。你可能擷取的是其中負向的部分，醜陋的部分。

你不了解任何一個人的整個生命。在你見到這個人之前，他已經生活了四十年；他有四十年的背景在那裡。在你離開他之後，他還會繼續生活四十年。那四十年的背景也會在那裡。而你見過的那一面，只是這個人生命中的一個片段，然後你因此批判他——這是不對的。這是愚蠢的。你所做的批判與那個人根本毫無關係。

你的批判所顯示出的比較是你這個人的狀態，而不是對方。所以耶穌說：「不要批判，以免被審判。」你的批判顯示出的是你這個人，而不是你所批判的那個人——因為你無從得知他的過去，你無從了解他的存在。

沒有任何前因後果，只有短暫的印象——你的詮釋會是對你自己的詮釋。它所顯示的是你自己的狀態。

看到這一點，批判會消失。

靜心：蛻變批判

奧修說：「每當你想要改變頭腦裡一個長期的慣性模式時，改變你的呼吸是最好的方式。頭腦裡的所有習慣都跟呼吸的模式有關。改變這個呼吸方式，頭腦會馬上也有所改變。嘗試看看。」

方法

每當你看到一個批判即將升起，而你就要進入一個老舊的習慣裡時，馬上吐氣出來——就像你透過吐氣排除那個評判一樣。深深的吐氣，收縮你的胃部，就像是你把空氣排出去一樣，感覺、想像那整個批判都被排出去了。

然後，深深的做兩到三次深呼吸，吸入新鮮的空氣，看看會發生什麼事情。你會感覺到一種全然的新鮮；那個老舊的習慣沒有辦法控制你。

所以，從吐氣開始，而不是吸氣——如果你想排除一些東西的話，從吐氣開始，然後看看你的頭腦會如何地受到影響。而當你想吸收某些事物時，你則是開始吸氣。

就是進行這個練習，你很快會發現頭腦已經轉移到別的地方了；一陣新的微風出現了。你不在那個老舊的窠臼裡，所以你不會重複那個老舊的習慣。這適用於所有的習慣。比如說，如果你有抽菸的習慣，當你發現自己想要抽菸的衝動出現了，而你卻不想抽菸的話，那麼馬上深深的吐氣，排出那個衝動。做一個深深的吸氣，然後你會發現那個衝動已經消失了。就內在的轉變而言，這可以成為一個非常非常重要的工具。就是嘗試看看！

每日一句

每當你跟這個整體之間沒有任何衝突，甚至連一點跡象都沒有時，你是健康的。讓自己變得完整，就是健康的。讓自己變得完整，就是神聖的。而通往神聖、健康與完整的方式是什麼呢？你的心跳需要跟這個整體的心跳是一致的。那是一種宇宙性的舞蹈，那是一種莫大的和諧。

——奧修

第十五天：傾聽的藝術

現今，在我們所生活的這個世界裡，大多數的人都被持續的雜音所淹沒——事實上，那是一種噪音污染。而這些聲音是如此地普遍，以至於我們沒有注意到它們，不論那是來自於路上的交通還是電梯中的制式音樂。

奧修經常說「傾聽」跟「聽到」是不一樣的。他指出，後者是生理上的反應，也是被動的，而真正的傾聽則需要臨在和覺知。

今天的課程重點在於傾聽的藝術，我們會探索一個與傾聽有關的靜心。奧修會談到有關傾聽的藝術，而在那之後的靜心方法則是運用聲音來增進我們的覺知。

奧修的洞見

對象是什麼並不重要，主體才是重要的。不論你是傾聽我說話，還是傾聽一個人吹奏笛音，還是傾聽清晨的鳥鳴，或是在瀑布旁傾聽水聲，你都可能有著同樣的經驗。它的發生不在於你所傾聽的是什麼，而是因為你在傾聽著。光只是傾聽就能夠帶給你全然的寧靜；在深深的傾聽裡，你消失了。這整個藝術在於如何傾聽。

一旦你知道如何帶著深刻的接受性、敏感性去傾聽，你就消失了。傾聽者消失了，只有傾聽還存在。而當傾聽者消失時，那裡沒有自我：沒有人在那裡傾聽著，只剩下傾聽。然後，它會穿透來到你存在的最深核心。

如果你帶著頭腦傾聽我說話，你會錯過的。如果你不帶著頭腦傾聽瀑布，那麼你會經驗到這一點。重點不在於傾聽我的話語；重點在於你，你這個傾聽者。我所說的話語是無關緊要的；誰在說話是無關緊要的。真正的重點在於：你是否被一種深沉的寧靜所圍繞？在那個當下，你是否消失了？你是否突然發現自己不見了，發現自己是一個深深的空無，悸動著生命，飽滿，卻又是空無的，一種無比的寧靜，沒有任何思想的波動？唯有如此，真實才能夠穿透你。

所以，試著成為一個傾聽者。光只是聽到是不夠的。聽到，你可以輕易地做到；傾聽則需要很多的修練。這是最偉大的修練。如果你傾聽，你就已經消失了；因為在那個傾聽之中，你會突然發現自己。

這看起來像是一個悖論。我說，你消失了，然後在那個消失裡，你會找到自己。你是空無的，但是在那份空無裡會升起一種充實與滿足。思想消失了。然後，一份了解會出現。愛開始流動著，就像是呼吸一樣——它進來，離去，進來，離去。然後，你開始與周圍的存在分享你的臨在。這時候，部分已經不再是分離的部分——它與整體一起悸動著。你和整體變得和諧一致，你不再有著不同的步調。一種和諧開始升起——那是神聖的音樂，來自星辰的音樂。

然後突然間，你是敞開的。神能夠從各個向度流動進入你。但是，這其中的重點在於：如何變得如此具有接納性與寧靜。

就只是坐著，傾聽著微風穿過松林……這個整體仰賴於你的傾聽。你傾聽的質量才是重點，而不是你所傾聽的對象。

靜心：在聲音裡找到自己的中心

今天的靜心運用聲音，讓你能夠更為覺知到自己內在的寧靜與靜止，而那就是你的中心。

不論你現在在哪裡，你都被聲音所圍繞著。你會發現，聲音，始終一直都存在著。在你的工作場合裡，在你前往工作的過程裡，不論你人在哪裡，你都可以聽到聲音的存在……那些聲音來自於大自然、人類或是機器。

而聲音，有一個非常特別的地方——不論在哪裡，只要有聲音的存在，你都在聲音的中心裡。所有的聲音，從各個地方、各個方向傳遞來到你身上。不論你人在哪裡，你始終都在聲音的中心裡。

方法

閉上你的眼睛……感覺這整個宇宙充滿了聲音。

感覺就好像所有的聲音都在朝著你移動，而你就是所有這些聲音的中心。

這個宇宙在外圍、外在，而你是中心，你是內在的，所有一切都朝著你移動，朝著你墜落下來……就像是瀑布不斷發出的聲音一樣。

當你坐在瀑布旁邊時，你可以閉上眼睛，感覺周圍的聲音，從四面八方過來落在你身上，從四面八方過來，在你的內在形成一個中心。或是你可以在市場裡進行這個活動——沒有任何地方能夠像市場一樣，到處都充滿了聲音，瘋狂的聲音。

不要去思考關於那些聲音的事情——像是「這是好的，那是壞的，這個聲音讓人覺得不安，那個聲音是優美而和諧的」。相反地，待在你的中心裡。不要去思考那些朝著你移動的聲音，是好的、是壞的，還是優美的。

就是記得：你是中心，所有的聲音都朝著你移動——所有的聲音，不論它在哪裡。

放鬆，讓所有一切進入你的內在。你需要讓自己變得更為放鬆，更為柔軟，更為敞開……

現在，隨著那些聲音移動，讓你的注意力來到中心，也就是你聽到聲音的地方。

如果你能感覺到一個中心，從那裡你聽到所有的聲音，那麼，突然間，一種意識的轉換會發生。這一刻，你聽到全世界都充滿了聲音，而下一刻，你的覺知突然轉向內在，你會聽到無聲之聲，而那是生命的中心。

一旦你聽到了無聲之聲，就再也沒有任何聲音可以打擾到你。聲音會出現，但是它永遠不會影響到你。它一直朝著你移動，但是它永遠都不會影響到你。有那麼一點，沒有任何聲音能夠進入。

那個點就是你。

一旦你品嚐到這個練習的些許滋味，任何時候，你都可以自己進行這個練習。

每日一句

不需要創造出高聳的教堂和巨大的廟宇——那些有眼睛的人會在這個遼闊的星空、美麗的真實裡找到最雄偉的廟宇。這整個宇宙就是神聖之所。

——奧修

第十六天：透過覺知而放鬆

在奧修的話語中經常有一個關鍵詞是「了解」。在我們試著透過看電視、喝酒或是度假來放鬆自己時，今天所摘錄的奧修洞見裡，他協助我們了解，我們一開始是如何製造出緊繃和焦慮的。

為什麼我們無法控制自己的身體和頭腦？為什麼我們無法在沒有外在工具的情況下放鬆自己？奧修一步一步地引導我們，了解放鬆是如何由外而內的發生作用。

今天的靜心讓我們知道，如何把控制的需要放到一旁——它是造成緊繃的主要驅動力之一——並且允許自己「放下」。

奧修的洞見

門徒問奧修：你可以多說一點關於放鬆的事情嗎？我覺知到自己內在深處的核心裡有一種緊張，我懷疑自己可能從來不曾完全放鬆過。

奧修說：

全然的放鬆是最終極的。

現在，你無法完全地放鬆。在你內在最深的核心裡，那份緊張會一直持續著。

讓自己開始放鬆。從外圍開始——那就是我們現在所在的地方，我們只能從自己現在所在之處開始——放鬆你的身體，放鬆你的行為，放鬆你的行動。以一種輕鬆的方式行走，以一種輕鬆的方式吃飯、說話，以一種輕鬆的方式來傾聽。讓你的每一步都慢下來。不要匆忙，不要著急。讓你自己移動的方式就像是你擁有永恆一樣。

事實上，沒有開始就不會有結束。我們一直都在這裡，我們也將會一直在這裡。形式會不斷地改變，但本質卻不會改變。服裝會不斷地改變，但是靈魂不會。

緊繃意味著匆忙、恐懼和懷疑。緊繃意味的是一種不斷保護自己，確保安全的努力。緊繃意味著為明天或者來世做準備——害怕自己明天無法面對現實，因此我要先做好準備。緊繃意味著過去你還沒有真正地生活過，只是虛度一場；它還懸在那裡，它還殘留著，它圍繞著你。

關於生活，你要記住一件非常基本的事情：任何沒有真正活過的經歷都會在你周圍徘徊不去，它會持續不斷：「完成我！經驗我！讓我完結！」

你需要從外圍開始放鬆。第一步要放鬆的是身體。盡可能地記得，看著身體的內部，你的身體上是否攜帶了某種緊繃——脖子、頭部或腿部，有意識地放鬆它們。就是來到身體的各個部位上，閉上眼睛，來到身體緊繃的部位，誘勸它，帶著愛意地對它說：放鬆下來。

你會很驚訝地發現，如果你帶著關愛接近你身體的任何一部分，它會傾聽，它會跟隨你；它是你的身體。閉上眼睛，回到身體的內部，從腳趾到頭部，尋找任何緊繃的部位。然後，跟這個部位說話，就像是跟你的朋友說話一樣；讓你跟你的身體可以開始有所對話。告訴它放鬆下來，告訴它：「沒有什麼需要害怕的。不用怕，我在這裡照顧著，你現在可以放鬆下來了。」慢慢地，慢慢地，你會學習到這種方法的竅門。而身體會慢慢放鬆下來。

然後，往前再進一步，再深入一點；告訴頭腦放鬆下來。如果身體傾聽了，那麼頭腦也會傾聽的，但是你不能從頭腦開始——你需要從根本開始。你不能從中間開始。很多人從頭腦開始放鬆，然後他們失敗了。他們會失敗是因為他們從錯誤的地方開始。每件事情都應該按照正確的順序來進行。

如果你能夠讓身體自動放鬆下來，那麼你也能夠幫助頭腦自動放鬆下來。頭腦是一個較為複雜的現象。一旦你開始有自信讓身體傾聽你說的話，你會對自己擁有一種新的信任。然後，甚至連頭腦都能夠開始傾聽你。對於頭腦，你可能需要花多一點的時間，但是那是會發生的。

當頭腦放鬆下來後，接下來你可以放鬆你的心，放鬆你情感、情緒的世界。那是更為複雜與細緻的部分。但是現在，你能夠帶著信任前進，你對自己充滿信任。現在你知道這是可能的，如果身體能夠放鬆下來，頭腦能夠放鬆下來，那麼心也能夠放鬆下來。

只有當你完成了這三個步驟之後，你才能來到第四個步驟。現在，你能夠回到你存在最深的核心，而那裡超越了身體、頭腦與心，那是你整個存在的核心。你會能夠讓它放鬆下來的。

而這份放鬆會帶來莫大的喜悅、最終的狂喜與接受。你會充滿了喜樂與歡欣，你的生命會開始擁有舞蹈的品質。

靜心：學習放下的藝術

這個靜心最好在晚間進行。

方法

躺在你的床上……在睡眠到來之前，開始觀照。閉上你的眼睛，把你的覺知帶到腳心上，然後，慢慢地開始掃描你的身體，是否有任何緊繃。當你感覺到緊繃時，停在那裡，等待身體與呼吸釋放掉那份緊繃後再鬆開來。

繼續掃描你的身體，從腳往上來到大腿，再到臀部，放掉所有的緊繃。

你要確定一件事情，每當你來到身體緊繃的部位時，讓覺知待在那裡，直到你覺得身體鬆開來。

然後讓你的覺知來到腹部，放鬆腹部。當你向上移動到胸部和肩膀時，讓胸部和肩膀也放鬆下來。

現在，放鬆你的脖子。讓你的覺知來到臉部和下巴的肌肉上，放鬆下來。

現在讓你的覺知來到手上。手與你的頭腦有著緊密的連結。看看你的手是否有任何緊繃，當手上的緊繃放鬆時，頭腦也會跟著放鬆。現在，感覺著你手的重量，每一根手指的重量……

當身體放鬆下來時，頭腦也會放鬆下來。身體只是頭腦的延伸。而這一份對於身體—頭腦動力的了解，就是放鬆、放下的關鍵。

每日一句

我們一次只擁有一個片刻，所以如果你想要過著正確的生活，你只需要知道如何正確地活在這個片刻裡。不需要擔憂整個生命，因為如果你能夠照顧好這個當下片刻，你也就照顧了你的整個一生；這時候，所有一切都會回到它自己的軌道上。

——奧修

第十七天：接受自己的每一部分

當我們批判自己的感覺、思想和行動時，我們也傷害了自己，我們把自己分裂成許多碎片，其中有些部分被我們視為是理想的，而其他部分則被認定是「壞的」，或是需要改進的。

奧修指出，我們可以接受並且整合所有這些部分：好與壞，明與暗，高與低。

在今天的靜心裡，我們會教導自己以一種不同的方式來看待「實相」，練習帶著一種不同的品質來看著外在的事物，你會看到以前從來不曾經驗到的一種「全然」。

奧修的洞見

問徒問奧修：你能夠跟我談一談關於接受這件事情嗎？我要如何學習接受呢？我覺得有一部分的我並不想接受。我想知道是哪一部分的我這麼愚蠢。有什麼方法可以讓我更清楚這個部分嗎？

奧修說：

你要了解的第一件事情是：什麼是接受。你說：「你能夠跟我談一談關於接受這件事情嗎？我要如何學習接受呢？我覺得有一部分的我並不想接受。」你也需要接受這個部分，否則你就還不曾真正的了解。你內在有一個部分持續地拒絕著。接受這個拒絕的部分，否則你還不曾真正的了解。不要嘗試拒絕這一部分，接受它。這就是所謂全然的接受。你也需要接受那些拒絕的部分。

你說：「我想知道是哪一部分的我這麼愚蠢。」當你說它是愚蠢的那一刻起，你就拒絕了它。你為什麼要說它是愚蠢？你是在說誰愚蠢呢？這是你自己的一部分，為什麼把自己一分為二呢？你是一個整體。你需要放掉這些你所學到的分化伎倆。你學習到把自己區分成神聖的部分與邪惡的部分，好與壞，高與低。

放掉所有的區分。這就是接受的意思。如果你是怎麼樣，你就是怎麼樣，為什麼要說那是愚蠢的呢？你是在說誰愚蠢呢？不，當你說它愚蠢的時候，你已經拒絕了它，你譴責它。

接受意味著不譴責，不論如何，你都接受。然後突然間，你的內在會有所蛻變。不要說那是愚蠢，不要要給它命名，也不要分裂自己，因為這就是自我存在的方式。是自我在說另一部分是愚蠢的。自我永遠都是聰明的，富有理解力與偉大的——而且它不斷地拒絕。自我教你拒絕身體，因為身體是物質的，而你是靈性的。它教你拒絕這個和那個。

好幾個世紀以來，一直都是如此。宗教界人士一直都是這樣，然而他們不曾因此而到達任何地方。實際上，它們讓整個人類變得精神分裂。他們把每個人都分為好幾個不同部分。你的內部有著不同的隔間：這是「好的」而那是「壞的」；愛是好的，恨是壞的。慈悲是好的，憤怒是壞的。

當我談到接受時，我指的是接受並且放掉所有區隔。成為一體的，所有一切都是好的。憤怒也有著它自己的作用，恨也是需要的。實際上，無論你有些什麼，它們都是需要的——或許它們只是形式上有所不同而已。但是，沒有什麼是需要拒絕或否定的，不要說自己任何一部分是愚蠢的。

你問：「有什麼方法可以讓我更清楚這個部分嗎？」為什麼？你無法接受這些隱藏在自己內在的事物嗎？你無法接受自己內在的黑暗嗎？你也像白天和黑夜一樣：有些部分在光亮中，有些部分在黑暗裡。事情只會是如此，否則你只會是表淺的，你不會有任何深度可言。

深度必須在黑暗裡。如果一棵樹說：「我想要明白我的根，把它帶出來。」那棵樹會死的，因為根只會存在深深的黑暗裡，隱藏在土壤中。不需要把它們帶出來。如果你把它們帶出來，那棵樹會死。你需要黑暗的部分，就像你也需要光亮的部分一樣。

不要說自己的任何一部分是愚蠢的。

不要對抗。允許事情發生。這就是接受，這就是放下。讓你生活的方式就好像你退休了一樣。你活著，你有所作為，但是你的作為是自然的，自發性的。它們就是發生了。如果你願意，你就做些事情；如果你不願意，那就不要做。慢慢地，你會與大自然是同頻的，你會變得越來越自然。

靜心：看到事物的完整性

通常，我們只看到局部，然後我們標記這些部分，評判它們。比如說，當我們看著一個人的時候，我們可能會先注意到他的臉，然後是頭髮或是身體。這個人是瘦子，那個人是胖子。他的臉可能會讓我們覺得溫暖、歡迎，生氣或冷漠。

這個靜心來自於一本叫做《譚崔經典》的古老經文，在奧修的《奧祕之書》裡有著詳細的說明。它的用意在於幫助我們擺脫劃分、標記人與事物的習慣，從而能夠經驗到自己與他人那純粹的形式，而那一直都是完整的。

方法

第一步：看著一個碗，但是不要關注它的側面或材質。

這個方法建議你看著一個碗，但是其實任何物體都可以。關鍵在於用一種不同品質的方式來看。

嘗試看看，看著某一個物體，像是一個碗，一開始你看的時候，你的注意力會從這個物體的某一部分移動到另外一個部分。然後突然間，就是看到這個物體是一個整體；不要區分它。首先，你會發現當你看著這整個物體，眼睛是不需要移動的。接下來，第二指令是看，但是不去關注它的材質。如果這個碗是木頭做的，不要對這個木頭進行分類或標記。就是看著這個碗，看著這個物體，它的形式；不要去思考它的材質。

為什麼？因為材質是屬於物質的部分，形式是屬於靈性的部分，而這個方法在於協助你從物質的層面來到非物質的層面。一個物體它可能是金的，或是銀的——就是看著它。一種形式就只是一種形式；你無法思考關於它的事情。如果它是黃金所製造的，你可以想到很多事情。它很漂亮，或許有人想偷走它。或是如果你需要錢，你可以賣掉它，然後你會開始思考它的價格——有很多是你可以思考的。

你可以用任何物體來嘗試這個練習，當你開始抓到竅門時，你甚至可以對著一個人來嘗試。你注意到有男人或女人站在那裡：就是看著，然後接收那個男人或女人的全貌，全然的待在那裡。一開始你會覺得怪異，因為你不熟悉用這種方式來看人。不去思考對方的身材是否美麗，是白人還是黑人，男人還是女人。不思考；就只是看著對方的形式。忘掉內容，就只是看著形式。第二步：花一點時間帶入覺知。

就只是持續地看著整體的形式，不讓眼睛移動，不思考它的材質或各個零件，這樣會發生什麼事情呢？你會突然開始覺知到自己。看著某些東西，你會開始覺知到自己，為什麼呢？因為對你的眼睛來說，那時候它無法往外移動。因為你看著事物的整體，所以眼睛無辦法移動到各個部分。而材質的部分被放掉了；你只接收物體的純粹形式。這時候，眼睛無法從一個部分移動到另一部分；你接收的是它的整體。而形式是純粹的形式，沒有什麼可思考的。

就只是這樣保持看著事物的整體和形式。突然間，你會覺知到自己，因為你的眼睛現在無法移動了。而它們需要移動；那是它們的本性。所以，你的觀看會開始朝向自己。它會回來，回到家裡來，突然間，你會開始覺知到自己。這份對自己的覺知是最令人欣喜的片刻之一。當你第一次開始覺知到自己時，它有著如此的美和喜樂，它是你過往任何經驗都無法比擬的。真的，這是你第一次成為自己；這是你第一次知道自己存在。你的存在瞬間顯現出來。

每日一句

信任並不意味所有一切都會是對的。信任意味的是每件事已經是對的。信任不知道未來；信任只知道當下。當你思考未來時，你已經不信任了。

——奧修

第十八天：性、愛與靜心

奧修說性是一種簡單的生理現象，我們不應該給予它太多的重要性，它唯一的意義是：作為一種能量，它能夠蛻變來到更高的層面，變成是靈性的。奧修說，讓它變得靈性的方法就是不要把它變得那麼嚴肅。

性是一個微妙且複雜的主題，由於我們的宗教和文化制約，這個字眼變得非常沉重。然而生命本身是透過性而發生的。它影響著我們生命裡的每一個向度。

奧修曾經說過：

「除非你能夠與某些超越頭腦的事物有所同頻，否則性會一直透過某些形式而存在。而如果它一直存在的話，最好讓它是自然的，生理的……」

「欲望是性能量最低的一種形式；愛，則是它最高的形式。除非你的欲望轉變成愛，否則你會錯過你的目標……」

「性是美好的。性本身是一種自然、有韻律的現象。生命透過性而發生；性是生命的媒介。如果你了解生命，如果你熱愛生命，你會知道性是神性的、神聖的。然後，你會活出它，你會在其中感到欣喜；然後，就像是它很自然地來了，它也會按照自己的方式離去。」

奧修的洞見

人類有三個層面：身體、頭腦和靈魂。因此，不論你做什麼，你都能夠透過三種方式來進行，它可以是來自於身體，或是來自於頭腦，或是來自於靈魂。不論你做什麼，你的所有行動都可以具有三種品質。性是透過身體而發生的愛；浪漫愛是透過頭腦而發生的性；慈悲則是來自於靈魂。但是它們的能量是一樣的。

當能量以更深一層的方式移動時，它的品質會有所變化，但是能量是同一股能量。

如果你只是透過身體活出你的愛，那麼你的愛是非常貧瘠的，因為你只生活在最表層。性，如果只發生在身體層面上的話，它甚至不是性，而是性慾。它變得色情，變得稍有些淫穢，變得較為獸性、醜陋，因為其中沒有深度。這時，它純粹只是一種身體能量的釋放。或許它能夠讓你的緊繃降低一點，或是讓你變得稍微放鬆一些，因為你釋放了巨大的能量，無比寶貴的能量。

但如果它能夠變成愛，那麼你不會失去它。在同樣的行為裡，你也會有收獲。在身體層面上，你只會有損失——性純粹是能量上的流失。性是身體的安全閥：每當能量過多，而又你不知道如何運用這些能量時，你就把它丟出去。你之所以會覺得輕鬆，是因為你耗盡了能量。你之所以會有一種休息感，是因為那些不安的精力被丟出去了——但是你變得比之前更貧瘠，你變得比之前更空虛。

這種事情一次又一次地發生。然後，你的一生會變成一種例行活動，透過食物、呼吸與運動你蒐集能量，然後你再把它丟出去。這看起來很荒謬，你先是進食、呼吸與運動，創造出能量，然後你擔心不知道該拿它怎麼辦，所以把能量扔出去。這是毫無意義的、荒謬的。所以性很快地變得毫無意義。一個只知道身體的性而不了解愛更深層向度的人，他會變得機械化。他的性只是一種反覆不斷的行為。

這就是目前西方正在發生的事情。人們正在超越性，但不是朝著愛移動，不是朝著慈悲移動，因為那樣的超越是內在的；人們在用一種負向的方式超越性。性變得荒謬，他們已經受夠了。他們尋找某些事情來取代它。這就是為什麼毒品變得如此重要。性結束了——那是最古老的毒品，一種自然的迷幻藥。現在它結束了，而人們不知道該怎麼辦。天然的毒品不再具有吸引力了，他們已經受夠了。所以，化學性的迷幻藥、大麻、迷幻蘑菇和其他毒品變得越來越重要。

現在在西方，你要阻止人們吸毒幾乎是不可能的。除非性開始變得更為深沉並蛻變為愛，否則那是不可能的：人們只能無助地走向毒品。即使他們不願意，他們也必須如此，因為舊的毒品——性愛——已經結束了。它過去沒有結束，是因為它是徒勞無益的；它現在結束了，是因為人們只生活在最表層。他們從來不曾深入了解它的奧祕。

人們頂多了解的是他們所謂的浪漫愛——那並不是愛；那是受到壓抑的性。當你無法進行性的接觸時，那些受到壓抑的能量會變成浪漫。那些被壓抑的能量開始變成腦部的活動，它移動來到你的頭部。當性從生殖器官移動來到頭部時，它就變成了浪漫。浪漫愛不是真正的愛，它是虛假的；它是一枚偽幣。再一次，它還是同樣的性，只是它沒有機會發生。

在過往的年代裡，人們往往生活在浪漫愛裡，因為性並不容易。社會創造了許多障礙，所以性是非常困難的。而當性是如此困難時，人們不得不壓制性。然後這股被壓抑的能量會開始移動來到人們的頭腦，變成詩歌、繪畫和浪漫史；然後他們懷抱著夢想，美好的夢想。

在西方，這個部分已經消失了，因為性現在是可行的。多虧了佛洛依德，所以西方發生了一場偉大的革命。這場革命消除了所有對於性的障礙、抑制與壓制。現在，人們可以很容易發生性關係，那變得完全沒有問題。

現在，性有太多的空間，超出了人們的需要——這也創造出問題。浪漫愛已經消失了。現在在西方，沒有人會書寫浪漫的詩歌。誰會去書寫那些浪漫的詩歌呢？性在市場上是如此地隨處可得，誰會想到浪漫呢？根本就沒有必要。

浪漫愛是身體性愛的另一面，被壓抑的那一面。它不是愛。這兩者都是疾病。當你說性慾和浪漫愛的時候，兩者都是病態的。只有當身體和頭腦會合時，才會有愛，而且它是健康的。在性慾裡，只有身體存在，在浪漫愛中，只有頭腦在那兒，兩者都不完整。

在愛裡，身體和頭腦會合：你成為一個整體，你比較是一個整體。當你愛一個人的時候，性會像影子一樣地隨之而來。事情不會相反過來。當你深愛一個人，你的能量與他有著深度的會合，對方的存在讓你感覺如此地美好，對方的存在讓你感到無比的充實——它讓你變得完整。這時候性會像影子一樣地跟著出現了。

性不是中心，愛才是中心；性只是外圍。是的，有時候你也想在身體層面上會合，但是你對這部分不會有渴望。你不會執著於它，它只是一種能量的分享。根本的事物是深沉的。外圍不錯。當中心存在時，外圍是好的；但是沒有中心的時候，它就變成了性慾。如果沒有外圍，只有中心的話，它會變成浪漫愛。當外圍和中心都同時存在時，身體和頭腦是一體的。你所渴望的不是對方的身體，你所渴望的是對方的存在——這時候，愛就出現了。愛是健康的。

性慾和浪漫愛是不健康的，是一種疾病。它們是一種精神疾病，因為它們在你的內在造成分裂。愛是一種和諧。你所愛的不只是對方的身體，而是他的整個存在。你不利用對方作為你釋放能量的工具。你愛這個人，他／她不是一個工具，而是因為他／她這個人本身。愛是健康的。

除此之外，愛還有另外一種深度，我把它稱之為慈悲。當身體、頭腦和靈魂會合時，你成為一個偉大的整體。你成為三位一體。你成為三神一體。這時候你內在所有一切，從最表層到最深層，都會合了。你的靈魂也是你愛裡的一部分。當然，只有透過深沉的靜心，慈悲才會出現。

性能夠在沒有任何了解與靜心的情況下發生。愛只能透過了解而發生。而慈悲只會透過了解和靜心、理解和覺知而發生。你不只是了解並且尊重對方，而是你已經來到自己最深的核心。而當你看到自己最深的核心時，你也變得能夠看到對方最深的核心。這時候，對方不是以身體或頭腦的形式而存在；對方以靈魂的形式而存在。而靈魂是不可區分的。你的靈魂和我的靈魂是一體的。

我把這第三階段稱為神聖的，因為它是完整的。而這個階段只會透過你個人的努力而發生。靜心會帶領你來到慈悲。佛陀曾經說過：如果你靜心的話，慈悲會自然地出現。

靜心：蛻變性能量

奧修說，每件事情都有它自己對的時機。「每件事需要在它自己的時間裡進行。當你年輕時，不要害怕愛。如果你在年輕時害怕愛，那麼當你年老時你就會沉迷其中；然後，你會有困難深入，因為頭腦會沉迷於其中。」

他還指出：「性是化學性的；它釋放你體內某些特定的荷爾蒙。它帶給你某種虛幻的快感。有幾個片刻，它讓你感覺自己在世界之巔。」

而且，他警告說：「如果你局限於性，那麼你只是在浪費你的能量。漸漸地，能量會從你身上流失，而你只會剩下一個空殼子。」

方法

當性慾出現時，閉上你的眼睛，靜心。向下移動來到性的中心，也是你感覺到悸動、震動和興奮的部位。來到這裡，只是成為一個寧靜的旁觀者。觀照它，不要譴責它。從你開始譴責的那一刻起，你就遠離了它。而且不要享受它，因為當你享受的時候，你會變得無意識。保持警覺、觀照，就像是漆黑夜晚中的一盞火光。把你的意識帶到那裡，不閃爍，不動搖。你就是看著性中心裡所發生的事情。這是什麼樣的能量？

只要觀照這個事實，一股能量正在性中心周圍升起。那是一種激動——看著它。你會感受到一種全新品質的能量——你會看到它在上升。它會在你的內在找到一個路徑。從它開始上升的那一刻起，你會感受一種涼爽來到你身上，一種寧靜圍繞著你，一種恩典、一種祝福圍繞著你。它不再像是一種荊棘，帶來痛苦。它不再是痛苦的；它是非常滑順的，像是膏脂一樣。當你越是保持覺知，它就上升得越高。它甚至能夠上升來到心，這並不困難——有一點困難，但不是很困難。如果你保持警覺，你會發現它來到心。而當它來到心的時候，這是你第一次知道什麼是愛。

每日一句

當你做愛時，你的女人真的在那裡嗎？你的男人真的在那裡嗎？還是你只是在進行一種例行公事——一種你必須完成、履行的職責？如果你想要有一段和諧的關係……你需要學習讓自己變得更為靜心。光是愛本身是不夠的。愛單獨的時候是盲目的；靜心會賦予它眼睛。靜心為它帶來一份了解。一旦你們的愛裡有著愛與靜心，你們就變成了旅程中的同伴。這時候它不再是一段普通的關係……這時候它變成友誼，在同一條道路上探索著生命的奧祕。

——奧修

第十九天：生活在喜悅裡

奧修說：「追求快樂是美國憲法裡明文規定的一項基本權利。上面寫著，追求快樂是人類與生俱來的權利。但是如果追求快樂是人類與生俱來的權利，那麼不快樂呢？有誰與生俱來的權力是不快樂的呢？如果你追求快樂，那麼你也同時在尋求不快樂；不管你是否知道這一點，並不重要，但是它是同一個硬幣的另一面。」

在這裡，奧修談到了一個不同的向度，也就是一種靈性向度上的快樂，他把它稱為喜悅。喜悅不取決於外在的變化，而是一種內在的品質。

在今天的靜心之後，我們會嘗試一種方法，有意識地給予喜悅更多一點的空間，重新連結我們經驗喜悅這種本有的能力。這個靜心奠基於第十七天課程裡所提供的方法，讓它往前更進一步。

奧修的洞見

喜悅不是快樂，因為快樂總是會與不快樂同時存在。它從來都不是純粹的，它一直都是受到污染的。在它的背後總會有著悲慘的陰影。就像黑夜會在白天之後出現一樣，不快樂也會在快樂之後出現。

那什麼是喜悅呢？喜悅是一種超越的狀態。它不是快樂也不是不快樂，而是全然的平靜與安靜，一種絕對的平衡；它是如此地寧靜，又如此地活躍，以至於它的寧靜本身就是一首歌，而它的歌就是它的寧靜。喜悅是永恆的，快樂則是短暫的。快樂因為外在而出現，它也會因為外在而消失。你需要依靠他人來獲得快樂，而任何依賴都是醜陋的，任何依賴都是一種束縛。

喜悅來自於內在；它與外在無關。它不是他人所創造的。它無法被創造出來，它是你自身能量的自發性流動。

如果你的能量停滯不前，你無法感到喜悅。如果你的能量變得流動、動態，像河流一樣，那麼你會感到無比的喜悅——沒有任何原因，僅僅是因為你變得更流暢，更流動，更有活力。一首歌從你的心裡誕生，莫大的喜悅開始升起。

當它出現時，那是一個驚喜，因為你找不到它的緣由。這是生命裡最奧祕的經驗：有些事情是沒有原因的，有些事情超越了因果定律。它不需要原因，因為它是你的自然本質，它是你與生所具有的。它是天生內建的，它就是你，當你全然且流動時的你。

每當你是流動的，那你正朝著海洋而流動。喜悅就在那裡：河水舞蹈著流向大海，迎接最終的摯愛。當你的生活是停滯不前的水池，你就像死了一樣。你是靜止不流動的——沒有海洋，沒有希望。但是，當你流動時，海洋距離你越來越近，而當河流越靠近的時候，它的舞蹈也越多，其中的喜樂也越多。

生活在喜悅裡……生活在你內在深處的本質裡，不論你是誰，都全然地接受自己。不要試圖根據別人的想法來改變自己。就是當你自己，允許你真實的本質，那麼喜悅是一定會出現的；它會從你的內在湧現。

生活在喜悅裡，在愛裡……一個生活在喜悅中的人也會自然地生活在愛裡。愛是喜悅綻放時所散放的芬芳。

靜心：為喜悅騰出空間

認識自己是非常基本的一件事，它不困難，它也不會是困難的；你只需要放掉過往所學習到的一些東西。你不需要任何學習，就可以知道你是誰，你唯一需要的是放掉一些過往的學習。

首先，你需要放掉的學習是對於事物的在意。

其次，你需要放掉的學習是對頭腦的在意。

然後第三件事情——觀照——會自己發生。

方法

第一階段：首先，開始觀照事物。靜靜地坐著，看著一棵樹，只是保持觀照。不去思考關於它的事情。不要問：「這是哪一種樹？」不要想它是美麗還是醜陋的。不要想它是「鮮綠的」還是「乾枯的」。不要對它產生任何一絲的想法；就只是繼續觀照，看著那棵樹。

你可以在任何地方進行這個練習，觀照任何事物。你只需記得一件事：每當想法出現時，把它放到一旁。把它推到一旁；再一次持續地觀照這個事物。

一開始的時候，這很難，但是一段時間之後，有一些空隙會開始出現，在那些空隙裡沒有思想。這個單純的經驗會帶給你莫大的喜悅。沒有任何事情發生，思想消失了。樹木在那裡，你在那裡，在你跟樹木之間是有空間的，其中沒有思緒的干擾。突然間，沒有任何明顯的原因，毫無理由的，一股莫大的喜悅會出現。當無念出現時，喜悅也就出現了。喜悅已經在那裡；只是它一直被許多思緒所抑制。當思想消失時，它就浮現了。

你已經學會了這第一個祕密。

第二階段：現在，閉上眼睛，看著任何經過的思緒——不要思考關於它們的事情。有些臉孔出現在你的腦海，或者有些雲朵飄過，或者任何事物；就是觀看著它，不去思考它。

這個階段會比第一階段困難一些，因為思想是非常微妙的。但是，如果第一階段能夠發生，那麼第二階段也會發生的；你所需要的只是時間。持續地看著那些思緒。它會在一段時間之後發生……那可能是幾週、幾個月或是幾年——這取決於你是多麼認真與全心全意，然後有一天，突然之間，思緒消失了。

你單獨一個人。莫大的喜悅升起——這時候的喜悅會比第一次，樹木在那裡而思想消失時的喜悅多出一千倍。一千倍！那是如此地龐大，以至於你會被喜悅所淹沒。

第三階段：一旦第二階段開始發生了，現在是你觀照那個觀察者的時候了。現在，沒有對象了。事物被放掉，思想被放掉；現在你是單獨的。這時候，就只是看著那個觀照者，成為那個觀照者的觀照者。

再一次，一開始的時候，這會非常困難，因為我們知道如何觀照事物——一個物體或一個思緒。但是現在，只剩下觀照者。你需要轉向自己。

這就是那個奧祕的關鍵。休息在這份單獨裡，當時機到來時，它會發生的。它是一定會發生的。如果前兩個階段都發生了，那麼第三個階段是一定會發生的；你不必擔憂它。

而當這個階段發生時，這時候，你會第一次知道喜悅是什麼。它不是發生在你身上的事情，所以它不可能被奪走。它是你，在你本質的存在裡，它是你的根本存在。現在，它不可能被奪走，你也不可能失去它。你已經回到家了。

每日一句

如果你帶著些許的瘋狂，生命會變得更美好。所以，永遠不要是絕對明智的。些許的傻氣會讓智慧多一些滋味。些許的傻氣會帶來幽默與謙虛。一個真正的智者也同時是一個傻子。

——奧修

第二十天：成熟以及「成為自己」的責任

在目前這種迷戀青春，堅決不惜一切代價避免衰老的文化中，奧修大膽地提出一個一直存在，卻因為威而鋼與整容手術的流行而被人們所遺忘的議題：接受衰老這個自然的過程，而非至死都緊抓著青春以及青春的愉悅，這對我們有什麼好處呢？

他帶領我們回到根源，了解成長的意義不僅僅只是變老。不論是在我們與他人的關係裡，還是在實現自己的個人命運上，他提醒我們只有真正的成熟才能帶來愉悅。

今天的靜心被稱為「完結這一天」。我們會在晚間花上半小時，回顧我們白天的生活，結束那些尚未完結的部分。

奧修的洞見

成熟意味的是什麼？

成熟的意思與天真是一樣的，它們只有一個差別：那是再一次拾回天真，再一次找回天真。每個孩子生來都是天真的，但每一個社會都污染了他。到目前為止，每一個社會對孩子的影響都是破壞性的。所有文化都致力於剝削孩子的純真，讓他成為一個奴隸，為了自己的目標，為了自己的需要——政治、社會與意識形態——而制約了孩子。他們所有的努力就在於如何招募孩子成為它們的奴隸。而社會的目標是由那些既得利益者所決定的。教士和政客們一直都熱切密謀著，他們是一起的。

當孩子開始成為你社會裡的一份子時，他也開始失去了無比的價值；他變得越來越被困在頭腦中。他忘記了自己的心，而心是通向存在的橋樑；沒有心你無法來到自己的存在，那是不可能的。從頭腦無法直接來到存在；你需要經由心。所有的社會對於心都是具有破壞性的。他們反對愛，他們反對情感。他們譴責情感是一種多愁善感。長久以來，他們譴責所有的戀人，只基於一個簡單的原因，那就是愛不來自於頭腦，而是來自於心。一個具有愛的能力的人遲早會發現自己的存在。一旦他發現自己的存在時，他就不再受到所有結構、所有模式的束縛。他是自由的，不受束縛的。他有著無比的自由。

成熟意味著再次找回失去的天真，找回你的天堂，再一次成為孩子。當然這其中是有區別的，因為一般的孩子是一定會受到污染的，但是當你重新找回你的童年時，你就變得不受污染了。沒有人能夠污染你，你開始擁有足夠的聰慧。現在你知道社會對你做了什麼，你會變得機警和覺知，並且你不會讓這種事情再一次發生。

成熟是一種重生，一種靈性上的誕生。你再一次鮮活地誕生，你再一次是個孩子。你透過新鮮的眼光看著存在。帶著心裡的愛，你進入生命。帶著寧靜和天真，你穿透自己內在最深的核心。你不再只是頭腦。現在，你會使用頭腦，但是它是你的僕人。所以，你需要先來到心，然後你甚至可以超越心……

超越思想和情感，成為純粹的存在就是成熟。成熟是靜心最終極的綻放。

如果你想要知道你童年時那份真正的美，首先你需要失去它；否則，你永遠也無法知道。

海洋裡的魚永遠不知道海洋在哪裡——除非你把魚從海裡撈出來，把牠扔在烈日下的沙灘上；這時候，牠會知道海洋在哪裡。這時候，牠渴望海洋，牠會盡一切努力回到海裡，跳回海裡。牠還是同一隻魚，但又不是同一隻魚。那還是同樣的一片海洋，但又不是同樣的海洋，因為這隻魚學到了新的一課。現在牠知道了，牠覺知到「這就是大海，這就是我的生命。沒有了它，我也就不存在——我是其中的一部分。」

每個孩子都需要失去自己的天真，然後重新找回它。失去只是這個過程裡的其中一半。許多人都失去了它，但只有少數的人重新找回它。當你開始覺知到成為任何社會、宗教與文化裡的一份子，就是待在痛苦中，就是監獄裡的囚犯，就從這一天起，你會開始丟下鎖鏈。成熟正在到來。你會再一次找到天真。

成熟意味著生活在當下，充分警覺並覺知到存在裡一切的美好與輝煌。

靜心：完結這一天

奧修說：

「每件事物都有著一種內在的機制，驅使著讓它變得完整。一顆種子會想要長成樹木，一個孩子會想要成長為青年，一個未成熟的水果會想要成熟，諸如此類等等。每件事情都想要有所完結：它具有內在的衝動想要完結。而每一種經驗也是如此。每天晚上在你睡覺之前，結束這一天。就存在上，它已經結束了；現在，在頭腦裡攜帶著它是徒勞無益的。就是把它完結。跟它道別……」

「每天晚上花半個小時的時間，把它當成你的靜心：完結這一天。從那一天的清晨開始，結束所有那些尚未完結的部分。你會很驚奇地發現那是可以完結的。一旦結束了，你就會睡著。」

方法

如果在這一天裡有某一件事仍然尚未結束，在頭腦中完成它。你走在路上，看到一個看起來很悲傷和沮喪的人，你想要給他一個擁抱。但是對於陌生人，這是不可能的，所以你當然不曾這麼做；現在，有些事情懸在那裡。在你入睡前，花三十分鐘回顧這一整天，看看有什麼是沒有完結的。你從心理上去完成那個片刻——擁抱那個人，握住她的手，讓她知道你了解她的感覺。或是，有人侮辱了你，不尊重你，你覺得想要揍他，但那是不可能的。那要付出的代價太高了，而你還沒有準備好要付出那麼多的代價。那就在睡覺之前進行。重溫任何一個你覺得未完成的片刻，而不是繼續攜帶著它。

任何時候，你都可以實驗一下這種靜心。

每日一句

全然地進行每一件事情，那麼它就會結束；你不會在心理上記掛著它。當你未能完結某件事情時，它會懸在那裡，它會持續著——它徘徊不去。頭腦會一直想要做些什麼，去完結它。頭腦充斥著無比的誘惑，想去完結那件事。當你讓事情完結時，頭腦就消失了。如果你能夠持續全然地進行每件事情，有一天，你會突然發現，頭腦不在了。頭腦是所有未完成行為而累積的過往。

——奧修

第二十一天：左巴佛陀

今天，我們向你介紹「左巴佛陀」（Zorba the Buddha），這是奧修對於一個完整新人類的願景，他不會在唯物主義和靈性之間有所分裂，而是一個能夠慶祝生命各個不同面向的人。

這個新人類的其中一個向度是由尼可斯・卡山札基的小說《希臘左巴》所代表，這部小說曾經被拍攝成電影，由著名的安東尼・昆（Anthony Quinn）所演出。左巴是一個擁抱所有身體感官愉悅的人。他充分地享受生活。他是遊戲人間的。

新人類的另一個代表則是佛陀，它所體現的靈性、寧靜與覺知超越了這個物質的世界，隱藏在人們的內在最深處。

對奧修而言，這兩者是互補的，而不是對立的。奧修指出：我們內在被分裂的這兩個部分已經驅使著人類走向瘋狂。而他對人類的願景是左巴與佛陀的綜合：左巴佛陀。

今天的靜心將帶你品嚐當左巴與佛陀合而為一時的些許滋味。它增添了感官上的愉悅，同時讓你經驗到寧靜的覺知。

奧修的洞見

問徒問奧修：有時候當你在說話時，我似乎看到一種希臘左巴式的生活——吃、喝與享樂——充滿活力與激情，這時候我認為生活就應該是如此。但也有些時候，我覺得你所說的方式就像個和尚一樣靜靜地坐著，觀照而不受動搖。我覺得你已經整合了這種矛盾，但是我們可以是左巴，為熱情與欲望所感動，而同時又是佛陀，心平靜氣、冷靜與鎮定嗎？

奧修說：

這是最終極的結合——當左巴成為一個佛。我在這裡試圖創造的不是希臘的左巴，而是佛陀的左巴。

左巴很美，但是他少了一些東西。他擁有大地，卻缺少了天堂。他像一棵巨大的雪松，有著深深的根，駐紮於世間，但是他沒有翅膀，無法飛向天空。他有根但是沒有翅膀。

吃、喝與享樂本身是件好事：它沒有任何不對。但是這還不夠。因為很快你就會感到厭倦。一個人無法只是不斷地吃、喝與享樂。很快地，快樂的旋轉木馬會變成了難過的旋轉木馬——因為它是重複不變的。只有一個非常平庸的頭腦才會持續地為此感到快樂。如果你稍有一點聰慧，遲早，你會發現它是全然徒勞無益的。你可以這樣持續地吃、喝與享樂多久呢？遲早，你會開始提出這樣一個問題——這一切有什麼意義嗎？為了什麼呢？你沒有辦法逃避這個問題多久。如果你非常聰明的話，這個問題一直都存在，它始終都在那裡，不斷地敲擊你的心，追問著：「回答我！為了什麼呢？」

還有一件你需要記得的事情，不是只有窮人、飢餓的人才會對生活感到沮喪，不，不是這樣。他們無法感到沮喪，他們還沒有充分生活過，怎麼會感到沮喪呢？他們還懷抱著希望。窮困的人總是懷抱著希望，他們永遠都希望事情將會有所不同，他們一直期望有些事情會發生。如果不是今天，那麼就是明天，或者是後天。如果不是這輩子，那麼就是下輩子。

你以為那些把天堂描述得像花花公子俱樂部的人是誰呢？那些人是誰呢？飢餓、貧困的窮人，他們已經錯失了生命。他們把自己的欲望投射到天堂。天堂裡有著如河流般的美酒。

飢餓，尚未充分生活過的人。他們怎麼可能會對生活感到沮喪呢？他們還未曾經歷過——只有透過經驗，人們才會知道這一切都是徒勞無益的。只有左巴才會知道這一切都是徒勞無益的。

佛陀他是一個左巴。他曾經擁有當時全國的美女。他的父親在他身邊準備了所有的美女。他擁有最美的宮殿——不同的季節，不同的地方。他擁有所有一切可能的奢華，或者說當時所能夠擁有的奢華。他過著一種希臘左巴式的生活——因此，在他二十九歲時，他就感受到無比的沮喪。他是一個非常聰明的人。如果他是一個平庸的人，那麼他會那樣一直生活下去。但是很快地他明瞭到一點：這些都是重複不變的，它是同樣的。每天就只是吃、喝，跟女人做愛……每天都有新的女人可以跟他做愛。但是這能夠持續多久……?!很快他就覺得受夠了。

這種生命經驗是痛苦的。它只有在想像中才會是甜美的。在現實裡，它是非常痛苦的。所以他逃離了那座宮殿、那些女人、財富以及奢華的一切……

所以，我不反對希臘左巴，因為希臘左巴是左巴佛陀的基礎。佛陀從這樣的經歷裡誕生。所以我全然支持這個世界，因為我知道只有通過這個世界，你才能經驗到另一個世界。所以我不會說逃離它，我不會要你成為一個和尚。和尚是對抗左巴的人；他是一個逃避現實的人，一個膽小鬼；由於匆忙以及缺乏智慧，他做出了決定。這不是一個成熟的人。和尚是不成熟的、貪婪的——貪婪於另一個世界，而這個欲望出現太早了，還不到它應有的季節，他尚未成熟。

生活在這個世界裡，因為這個世界會讓你成熟，讓你發育完全與完整。這個世界的挑戰讓你可以回歸自己的中心，變得具有覺知。而這份覺知會成為一個階梯。這時候，你才能夠從左巴來到佛陀。

但讓我再重複一次：只有左巴能夠成為佛——而佛陀從來都不是和尚。和尚沒有經歷過左巴，卻被佛這個字眼所迷惑。和尚是一個模仿者，他是虛假的。他在模彷佛的樣子。他可能是一個基督徒，他可能是一個佛教徒，他可能是一個耆那教徒——這些都不重要——但是他在模彷佛的樣子。

只有當你經歷過那些較低的層面，你才能來到較高的層面。只有當你經歷過較低層面裡所有的苦惱和喜樂，你才能夠擁有較高的層面。在一朵蓮花真的綻放成為蓮花之前，它需要穿過泥濘——那些泥濘就是這個世界。而和尚逃離了這些泥濘，他永遠也無法綻放成為蓮花。這就像是一顆蓮花的種子害怕陷入泥濘中——或許是基於自我的一個想法：「我是一顆蓮花種子！我不能落入泥濘中。」但是這麼一來，它會永遠都是一顆種子；它永遠都不會像蓮花一樣地綻放。

我希望你深深地扎根在大地裡。不要渴望另一個世界。生活在這個世界裡，並且熱情、熱烈地生活著。全心全意地，全然地生活著。出於這份全然的信任，這份對生命的熱情、愛與喜悅，你才能夠有所超越。

另一個世界就隱藏在這個世界裡。佛正在左巴裡沉睡著。你需要喚醒他。而除了生命以外，沒有人可以喚醒你。

我在這裡協助你能夠變得全然，不論你身在何處，不論你在什麼樣的狀態裡——全然地歷經這個狀態。只有透過全然地經歷它，你才能夠超越它。

首先成為一個左巴，他是來自大地的花朵，然後透過他獲得成為佛的能力——佛是另外一個世界的花朵。另一個世界距離這個世界並不遠；另一個世界並不反對這個世界：另一個世界正隱藏在這個世界裡——這裡只是那裡體現後的樣子，而那裡則是它未體現的部分。

靜心：成為食物或飲料的滋味

當奧修談到「透過這個世界經驗另一個世界」，並說「另一個世界隱藏在這個世界裡，佛沉睡在左巴裡」，以及「另一個世界並不反對這個世界，這裡是它的體現」——我們要如何經驗這一點呢？我們如何療癒自己內在左巴和佛之間的「鴻溝」，讓它們再一次成為一個整體？

同樣的，這裡的關鍵在於「全然地」待在你當下的行動裡。今天的方法很簡單、立即且愉悅。如果你願意的話，你可以在下一次用餐或享用點心時練習。只是你需要預留多一點的時間來享用你的餐點。

在你進行練習之前，再一次閱讀靜心的說明，有個清晰的記憶，這會有助於你進入練習的狀態裡。當你自己單獨一個人的時候，進行這個練習會比較容易，你也可以跟朋友或家人協議好一起進行十到十五分鐘的練習，然後再恢復你平常一般用餐的方式與談話。

方法

這是奧修在《奧密之書》裡所提到的方法：「在你吃東西或喝飲料的時候，成為那個食物或飲料的味道，讓你自己被那個滋味所充滿。」

當你吃東西或喝水時，放慢速度，並且覺知食物的滋味。只有當你慢下來的時候，你才能夠保持覺知。不要只是把食物吞嚥下去，而是以一種悠閒的方式來品嚐它並讓自己成為那個滋味。當你感覺到甜美時，成為那份甜美。然後，讓它擴散來到你的整個身體，而不僅是你的嘴巴，不僅是你的舌頭，你可以在全身上下都感覺到它！一種特定的甜美——或是其他任何滋味——正在身體裡蔓延開來。不論你吃些什麼，品嚐那個滋味，然後成為那個滋味。

當你喝水時，感覺水的涼爽。閉上你的眼睛，慢慢地喝，品嚐它。感覺那份涼爽，也感覺自己變成那份涼爽，因為涼意正從水裡轉移來到你身上；它正成為你身體的一部分。你的嘴巴接觸著水，你的舌頭接觸著水，那份清涼感正傳遞著。讓它來到你的整個身體。讓它擴散開來，然後你會感覺到全身都是涼爽的。透過這種方式，你的敏感度會增加，你會變得越來越有活力，也越來越充實。

就是這樣！這個練習你想進行幾次都可以，你想進行多久也都隨你的意。你會開始能夠感受到「左巴佛陀」的滋味，一種帶來感官愉悅的擴展，同時帶著一份寧靜的覺知。你也可以把這個原則運用在生活裡的其他方向上。

每日一句

每個人都告訴你要低調。為什麼？這麼渺小的人生，為什麼要保持低調呢？盡你可能高高地跳躍著，也盡你可能狂野地舞蹈著。

——奧修

「奧修作品」參考閱讀

第一天　《靜心觀照》
第二天　《愛：如何在覺知中相愛，同時無懼地相處》
第三天　《情緒：如何將恐懼、憤怒、嫉妒蛻變為創造性的能量》
第四天　《當鞋子合腳時》
第五天　*Tantra: The Supreme Understanding*
第六天　*Living Dangerously: Ordinary Enlightenment for Extraordinary Times*
第七天　《你必須無知：自由，從此開始》
第八天　*Joy: The Happiness That Comes from Within*

第九天《奧修談身心平衡》

第十天 *The Art of Living and Dying*

第十一天《奧修談創造力：釋放你的內在力量》

第十二天《奧修談直覺：超越邏輯的全新領悟》

第十三天 *Meditation for busy people: Stress-Beating Strategies for People with No Time to Meditate*

第十四天 *Words from a Man of No Words*

第十五天《智慧金塊》

第十六天《脈輪能量書》

第十七天 *The Magic of Self-Respect*

第十八天《了解性、超越性：從性到超意識》

第十九天 *In Love With Life: Reflections on Friedrich Nietzsche's Thus Spake Zarathustra*

第二十天 *The Bhddha Said...: Meeting the Challenge of Life's Difficulties*

第二十一天 *The Search: Finding Your Inner Power, Your Potential*

奧修靈性智慧 15

奧修的靜心冥想課：21天的意識鍛鍊，幫助你找回真正的自己(新版)
A Course in Meditation: A 21-Day Workout for your Consciousnes

作　　者　奧修 OSHO
譯　　者　Sevita
編輯顧問　舞　鶴
責任編輯　林秀梅

版　　權　吳玲緯　楊　靜
行　　銷　闕志勳　吳宇軒　余一霞
業　　務　李再星　李振東　陳美燕
副總編輯　林秀梅
編輯總監　劉麗真
事業群總經理　謝至平
發 行 人　何飛鵬
出　　版　麥田出版
台北市南港區昆陽街16號4樓
電話：886-2-25000888　傳真：886-2-25001951
發　　行　英屬蓋曼群島商家庭傳媒股份有限公司城邦分公司
台北市南港區昆陽街16號8樓
客服專線：02-25007718；25007719
24小時傳真專線：02-25001990；25001991
服務時間：週一至週五上午09:30-12:00；下午13:30-17:00
劃撥帳號：19863813　戶名：書虫股份有限公司
讀者服務信箱：service@readingclub.com.tw
城邦網址：http://www.cite.com.tw
麥田部落格：http://ryefield.pixnet.net/blog
麥田出版Facebook：https://www.facebook.com/RyeField.Cite/
香港發行所　城邦（香港）出版集團有限公司
香港九龍九龍城土瓜灣道86號順聯工業大廈6樓A室
電話：852-25086231　傳真：852-25789337
電子信箱：hkcite@biznetvigator.com
馬新發行所　城邦（馬新）出版集團
Cite（M）Sdn. Bhd.（458372U）
41, Jalan Radin Anum, Bandar Baru Seri Petaling,
57000 Kuala Lumpur, Malaysia.
電話：+6(03)-90563833　傳真：+6(03)-90576622
電子信箱：services@cite.my

設　　計　黃瑪琍
奧修照片提供　Osho International Foundation
印　　刷　沐春行銷創意有限公司

2021年9月30日　初版一刷
2025年1月17日　二版一刷
定價／400元
ISBN 978-626-310-814-1
9786263108097（EPUB）

國家圖書館出版品預行編目資料

奧修的靜心冥想課：21天的意識鍛鍊，幫助你找回真正的自己/奧修OSHO著；Sevita譯. -- 二版. -- 臺北市：麥田出版：英屬蓋曼群島商家庭傳媒股份有限公司城邦分公司發行，2025.01
面；　公分. --（奧修靈性智慧；15）
譯自：*A course in meditation : a 21-day workout for your consciousness.*
ISBN 978-626-310-814-1（平裝）
1. CST: 靈修
192.1　　113018298